自己玩電貝士

一人玩轉 西洋搖滾選曲

Electric Bass
PLAY-ALONG

MP3 INCLUDED

盧欣民 著

序

組個樂團在台上奔放的演出是許多朋友學習熱門樂器的初衷，但是實際上「玩團」似乎並不是口頭上說說那麼的輕而易舉，我們常碰到組團的障礙包含有：缺咖（徵不到某個樂器的樂手）、團員間程度差異太大、音樂風格上無法志同道合、練個團需要打兩百通電話才能搞定練團時間、某團員未在家練習而浪費大家練團的時間、某團員忘了練團時間而放大家鴿子、某團員甲看某團員乙不合…等，「人」的問題總是令人頭痛，而樂團也總是分分合合。

所以，我們推出了「一人玩團系列」叢書，精選了數十首玩團必練的經典歌曲，除了為了兼顧初級、中級程度的樂手而設計的精美且化繁而簡的樂譜外，我們在每首歌曲前增加了該曲的演奏解析，在彈歌之餘順便學習各個樂團經典名曲的編曲手法，對於日後練歌的效率與創作的靈感都會有很大的幫助。另外在歌曲的伴奏音樂檔方面，麥書文化大手筆的斥資邀請國內頂尖的樂手（吉他手劉旭明、貝士手盧欣民、鼓手方翊瑋、鍵盤手鍾貴銘）實際彈奏錄製（並非坊間許多的MIDI backing tracks），練習上會更有實際練團或演出的臨場感，更可以體驗與國內超強樂手組團的感覺。

這套「一人玩團系列」叢書有電吉他、電貝士、爵士鼓三個版本，如果您已經有個穩定發展的樂團，這套書非常適合作為各個樂手練團前的「預習教材」，每個樂手可以先行在家跟著伴奏音樂練習，直到順暢，這麼一來練團的效率即可大大提升；另外三個樂器版本的同一曲目裡的段落都是相互對應的，對於練團時對該樂曲的及時討論也非常方便。希望藉由這套「一人玩團系列」叢書，幫助大家更有效率、更有趣的練習，祝大家「玩團愉快」！

作者簡介 盧欣民

Musicians Institute Hollywood（MI）畢業，第九屆熱門音樂大賽最佳貝士手，多位流行與創作藝人唱片錄音與演唱會樂手，包含「王宏恩」、「潘瑋柏」等，為國內少數能夠跨足演奏低音大提琴的貝士手，目前積極參與跨界音樂的創作與製作，作品包含「西尤樂團」、「空弦樂團」等。

團員

【吉他手】劉旭明
Musicians Institute Hollywood（MI）畢業，多所大專院校與高中音樂教師，為國內極少數能夠勝任從重金屬到爵士樂等各種音樂類型的吉他手。除了吉他教學外，錄音的作品也遍及各廣告、電視電影配樂、唱片單曲與專輯等。出版的吉他教材包含「前衛吉他」、「現代吉他系統教程」、「電吉他完全入門24課」等。

【鼓　手】方翊瑋
Los Angeles Music Academy（LAMA）畢業，1998年全國熱門音樂大賽最佳鼓手，擅長多項非洲與拉丁打擊樂器。除了擔任學校與音樂中心的教師外，同時也擔任多位國內外藝人唱片錄音鼓手與巡迴演唱會鼓手，包含「阮丹青」、「謝宇威」等，亦長期擔任「約書亞樂團」鼓手一職。

【鍵盤手】鍾貴銘
集錄音師、編曲家、導演、樂手於一身，也是資深的唱片製作人。其編曲與錄音的作品遍及於國內各大偶像劇與商業廣告，亦有多支執導的廣告作品與MV。目前仍積極從事紀錄片的拍攝工作。

目錄 CONTENTS

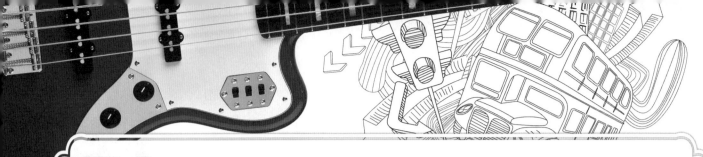

01 Ain't Talkin' 'Bout Love

by Van Halen

1. 本首曲子貝士音色Bass+1、Mid+2、High+1。

2. Intro Bar.9~10是本首歌曲的旋律主軸，八分音符加上切分音的Bass line並且和吉他一起合奏，要注意拍子的整齊，尤其切分音的部分。

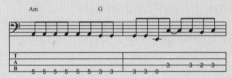

3. F段Guitar solo時，Bass line是一樣的，但根音改成高八度來彈奏，是為了區別和主歌有不同的感覺。

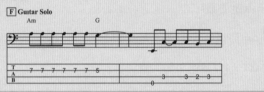

4. Bar.61音樂轉弱，貝斯在此有一些變化，同樣的句子，改變成長音並加入了休止符來讓音樂更有律動。

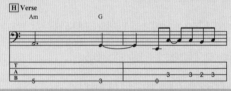

5. K段Guitar solo時，也是將原本的Bass line改變成根音和八度音的搭配，要注意右手的彈奏。

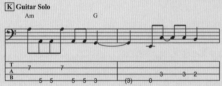

6. Bar.113~120是大家一起的合奏，務必力求整齊和精準。

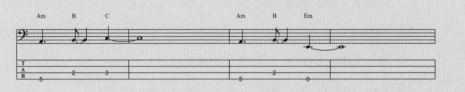

Ain't Talkin' 'Bout Love

by Van Halen

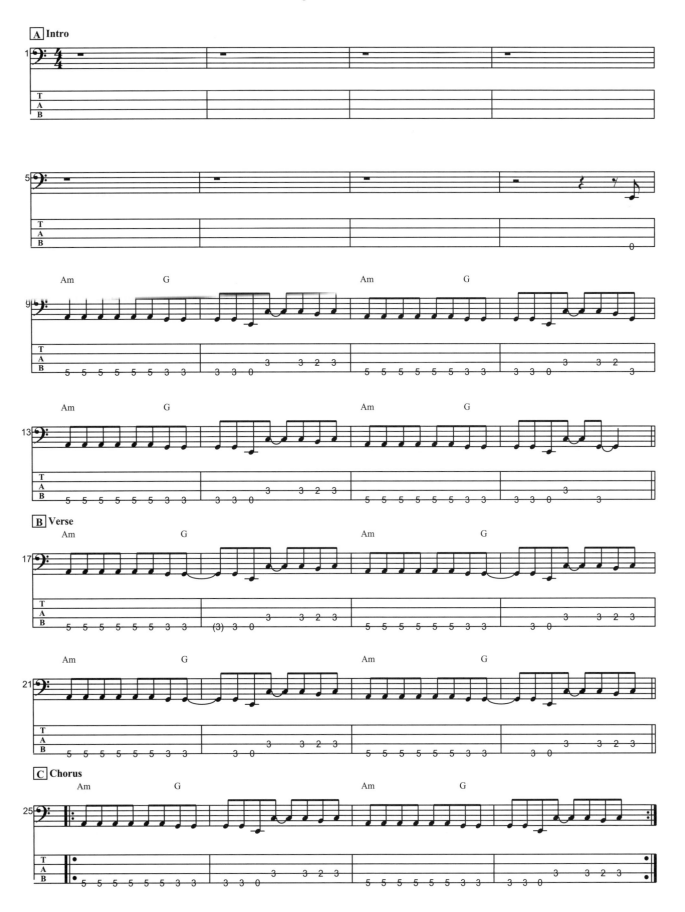

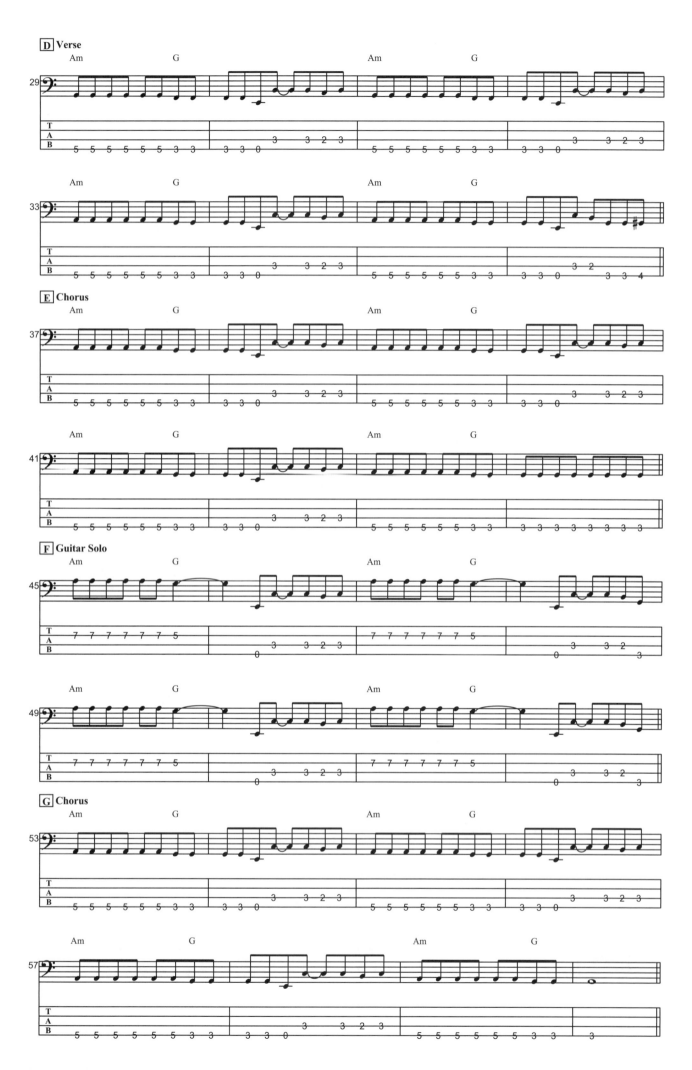

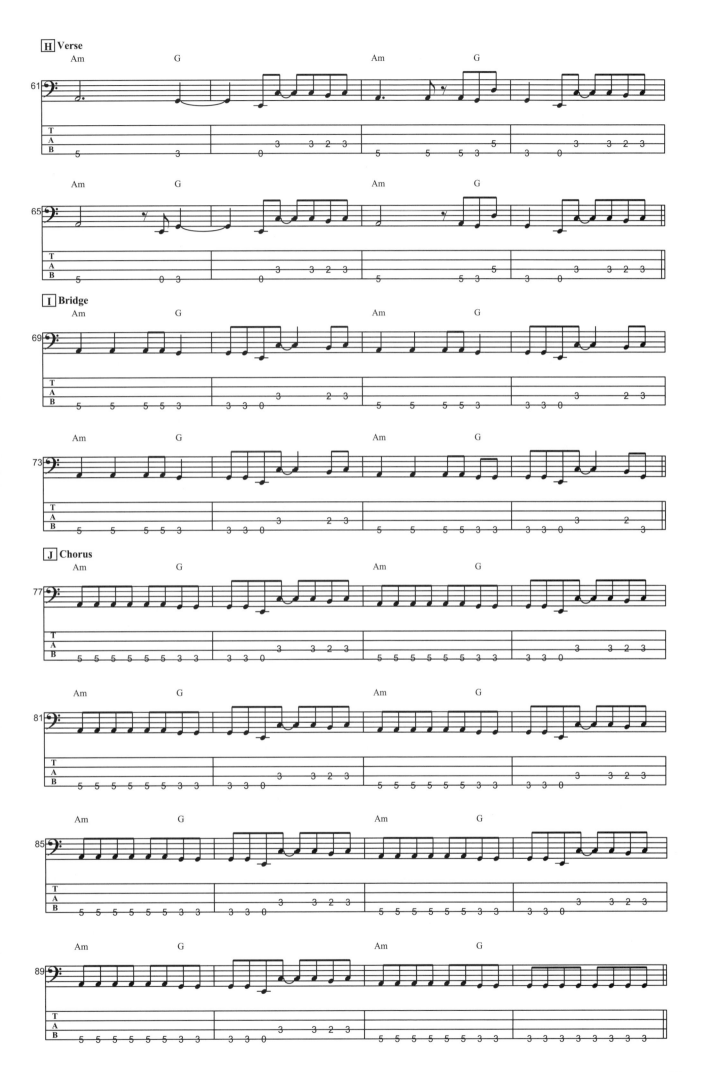

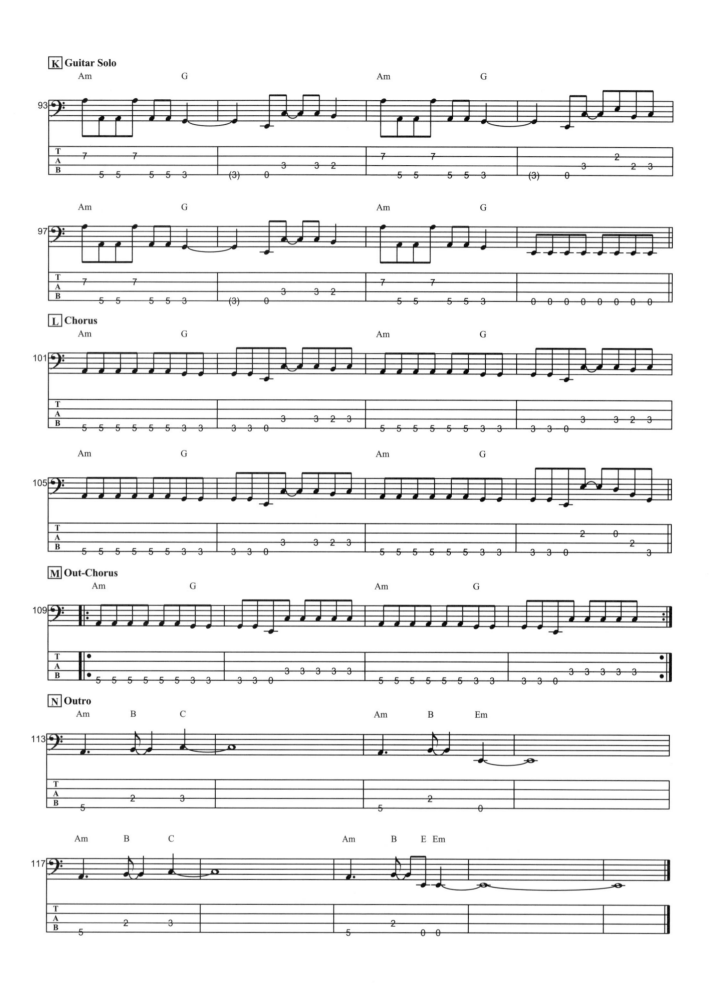

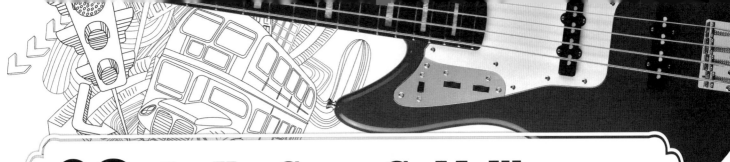

02 Are You Gonna Go My Way

by Lenny Kravitz

1. 本首曲子貝士音色Bass+2、Mid+o、High+2。

2. Intro的節奏是四分音符、八分音符、十六分音符的組成，要將節奏性強烈表現出來。

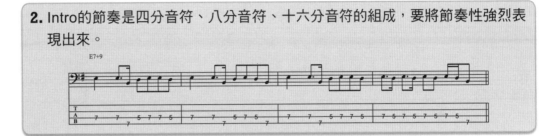

3. Pre-Chorus Bar.28有一個複雜的十六分音符切分音的合擊，先單獨將拍子練好再練習和鼓、吉他一起合奏。

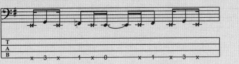

4. Breakdown Bar.76~77是高把位的旋律線，應先將旋律記熟再來彈奏。

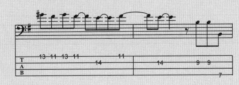

5. Guitar solo的部分，Bass line是類似Walking Bass的彈法，但又有固定的樂句穿梭其中，是很經典的一段Bass line，單獨的每個小節並不難，但共有15小節的變化，難度增加很多，以四個小節為單位慢慢練，一定可以完成的。

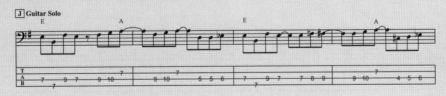

6. Bar.104是一個2/4拍，要特別注意。

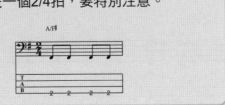

Are You Gonna Go My Way

by Lenny Kravitz

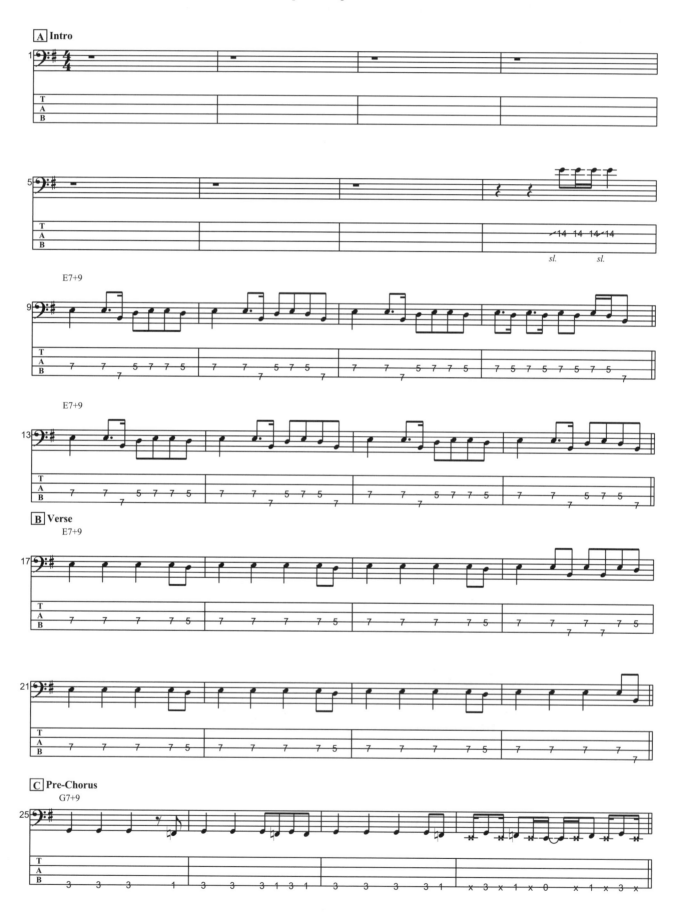

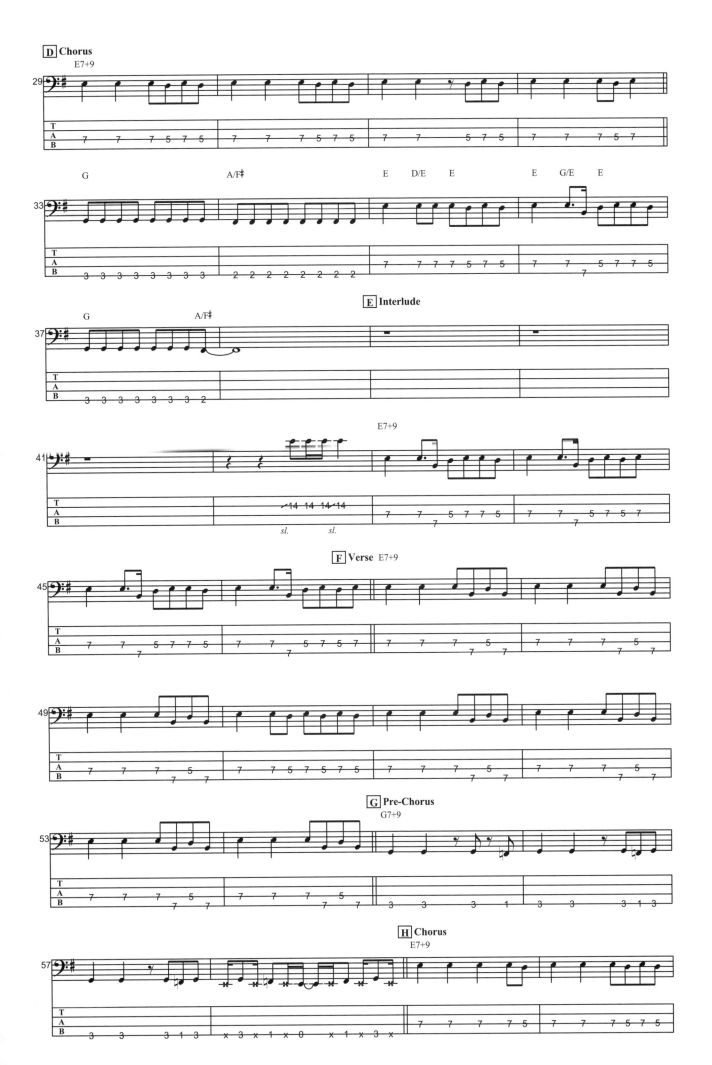

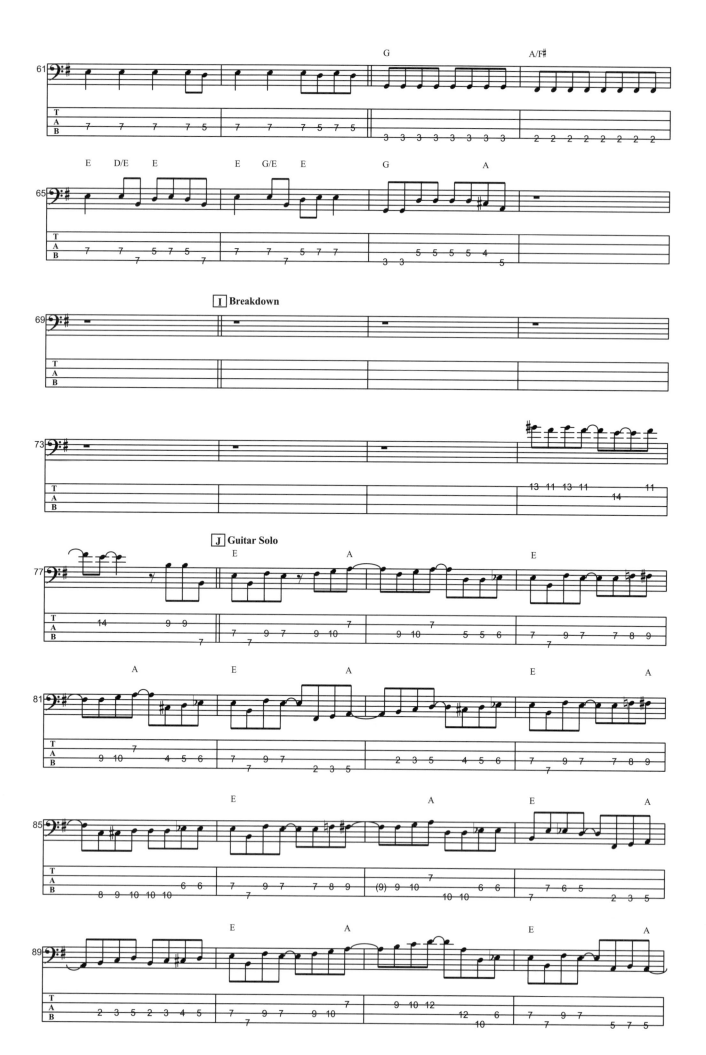

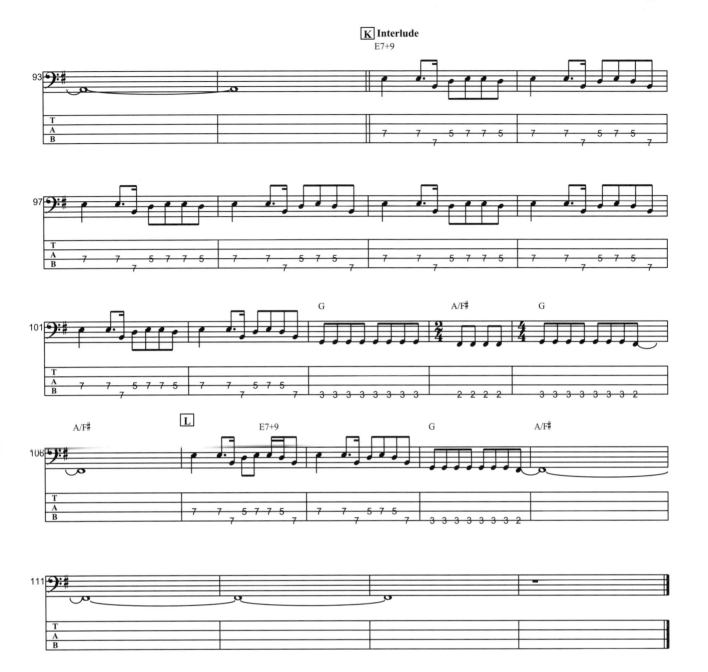

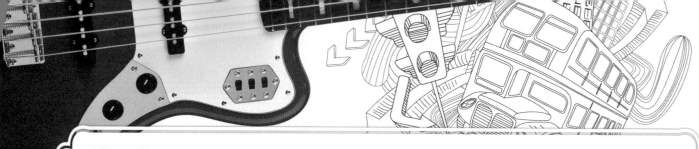

03

By The Way
by Red Hot Chili Peppers

1. 本首曲子貝士音色Bass+1、Mid+3、High+3。

2. 本曲將E弦調降為D，故要先練習熟悉不同的指型。

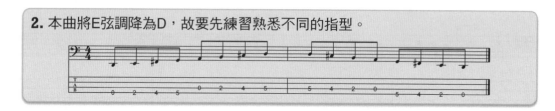

3. Intro及Chorus部分是高把位和低把位之間的轉換，八分音符穿梭在高低把位之間，要注意把位轉換的流暢和節奏的穩定和平均度。

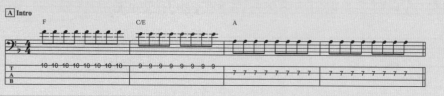

4. Bar.17~20是本曲最困難的部分，不僅拍子複雜，速度也很快。十六分音符加上切分音，練習時務必先放慢速度，可只先練習兩拍再來練一小節，欲速則不達是本段落的關鍵。

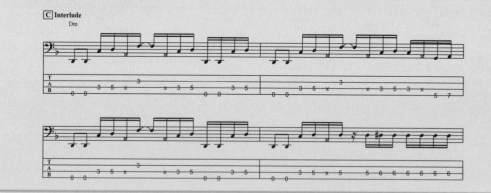

5. E段Chorus是八分音符、十六分音符及切分音的串連，務必將節奏清楚且精確的表現出來。

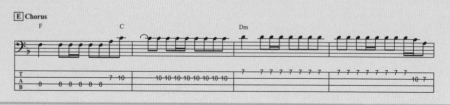

By The Way

by Red Hot Chili Peppers

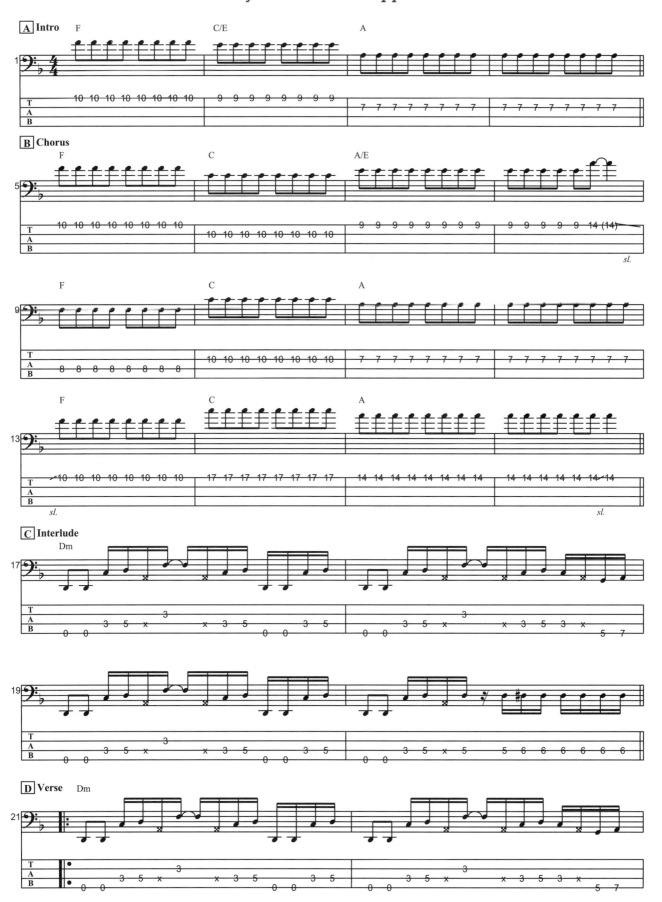

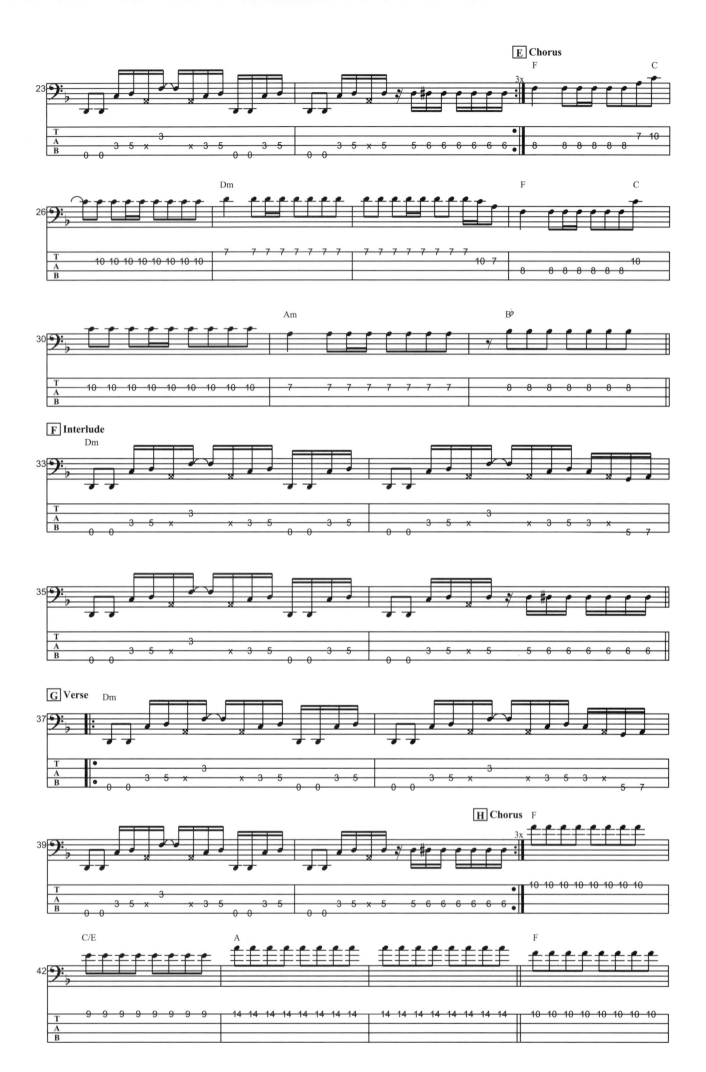

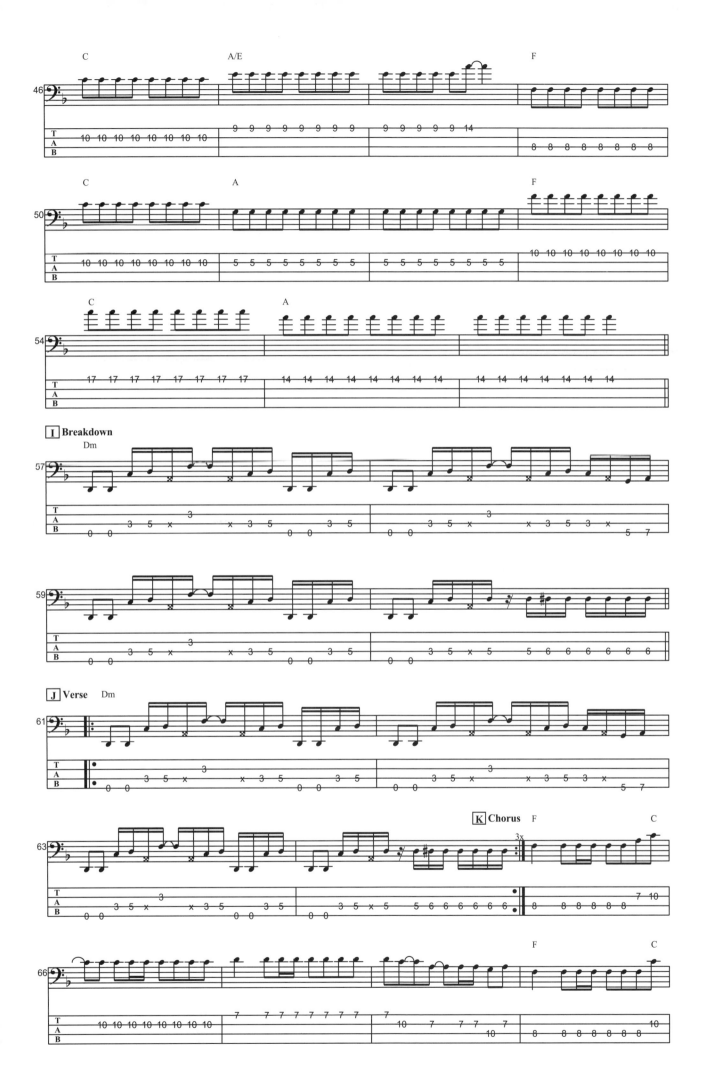

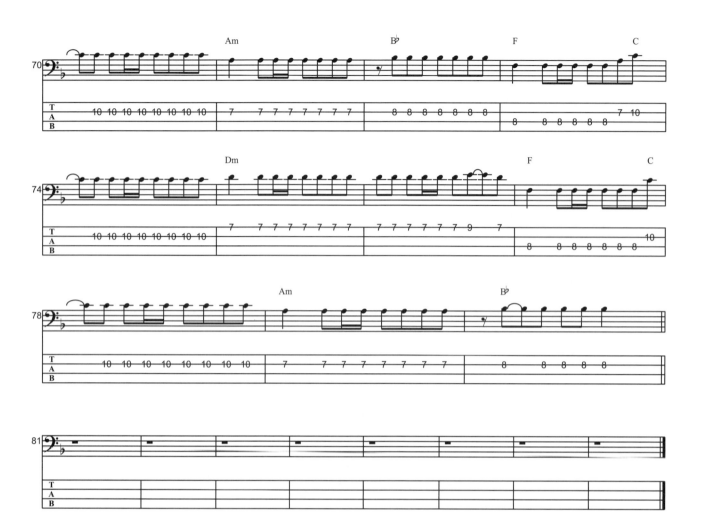

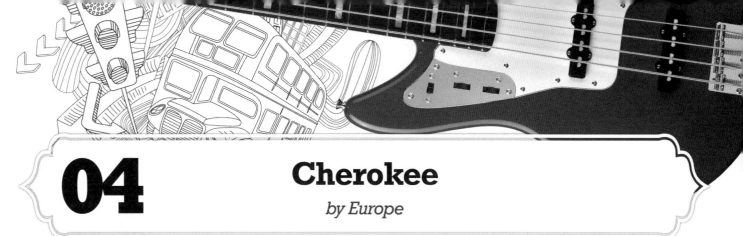

04

Cherokee

by Europe

1. 本首曲子貝士音色Bass+1、Mid+2、High+1。

2. Intro是第四拍反拍時進歌並且和吉他、鼓一起合擊,要注意算拍子。

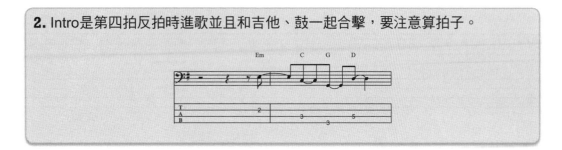

3. Bar.5~8是本曲很重要的經典樂句,也是貝斯和吉他一起合奏的地方,要注意反拍的落點並且注意樂句每個音的長短和休止符之間的關係。

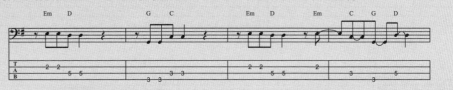

4. Guitar solo時,貝士的樂句是八分音符再加上搶拍的節奏,彈奏時注意不要趕拍。

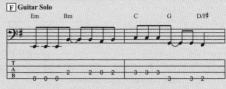

5. Outro最後兩小節要注意是結束在反拍上。

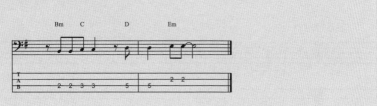

Cherokee

by Europe

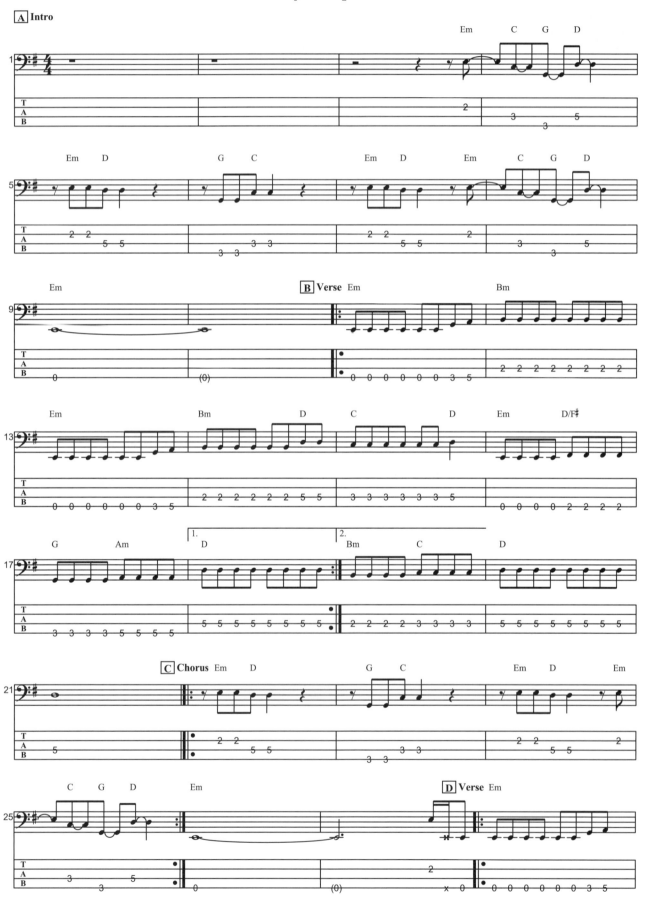

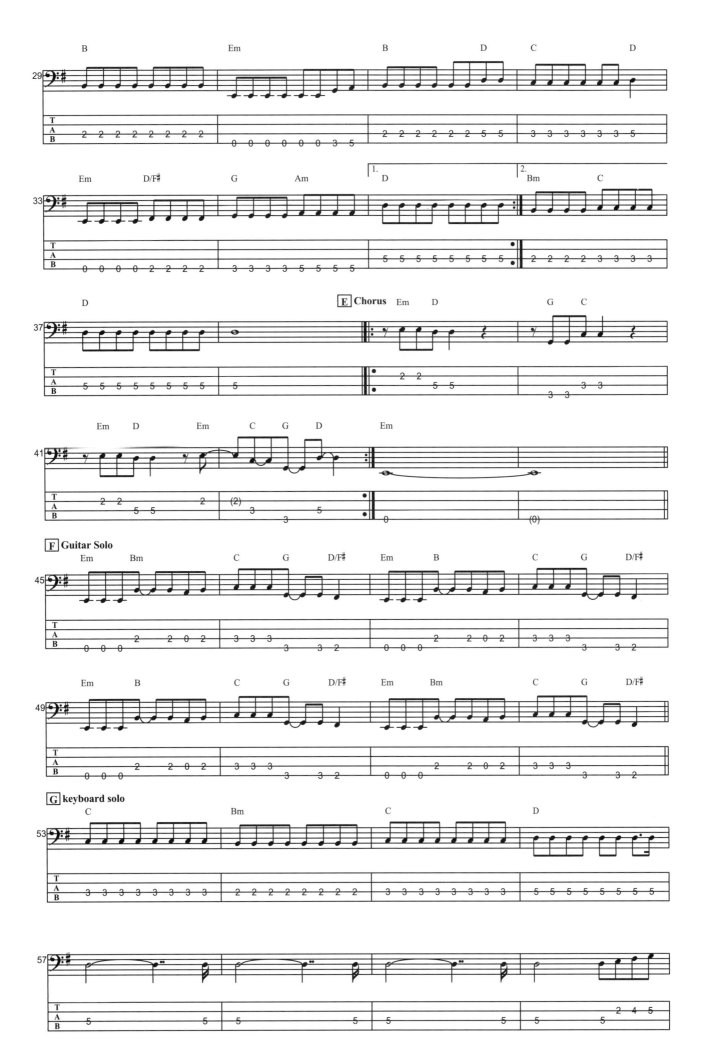

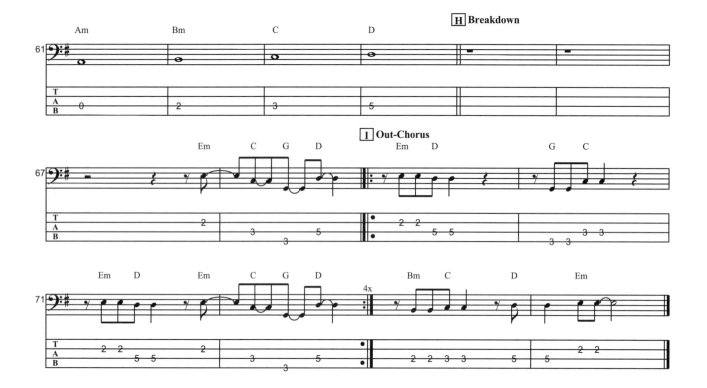

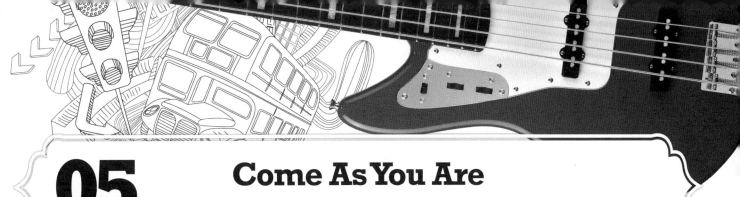

05 Come As You Are
by Nirvana

1. 本首曲子貝士音色Bass+1、Mid+2、High+1。

2. Intro、Verse、Interlude都是以同樣的Bass line貫穿，故先將此Bass line練好。

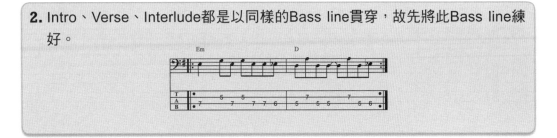

3. 雖然只是八分音符的拍子，但是要力求穩定，並且彈奏的手指力度要平均，是彈奏搖滾樂很重要的一部分。

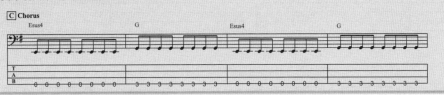

4. Bridge是八分音符加上經過音。

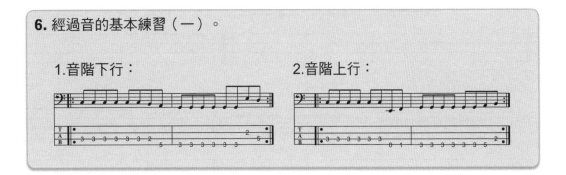

5. 本曲的技巧不難，但是要特別注意整體音樂的狀態，在主歌漸漸推動到副歌的情緒氣氛，再回到間奏的起承轉合，整體音樂的力度掌握是彈奏好本首曲子的關鍵。

6. 經過音的基本練習（一）。

1.音階下行：

2.音階上行：

Come As You Are

by Nirvana

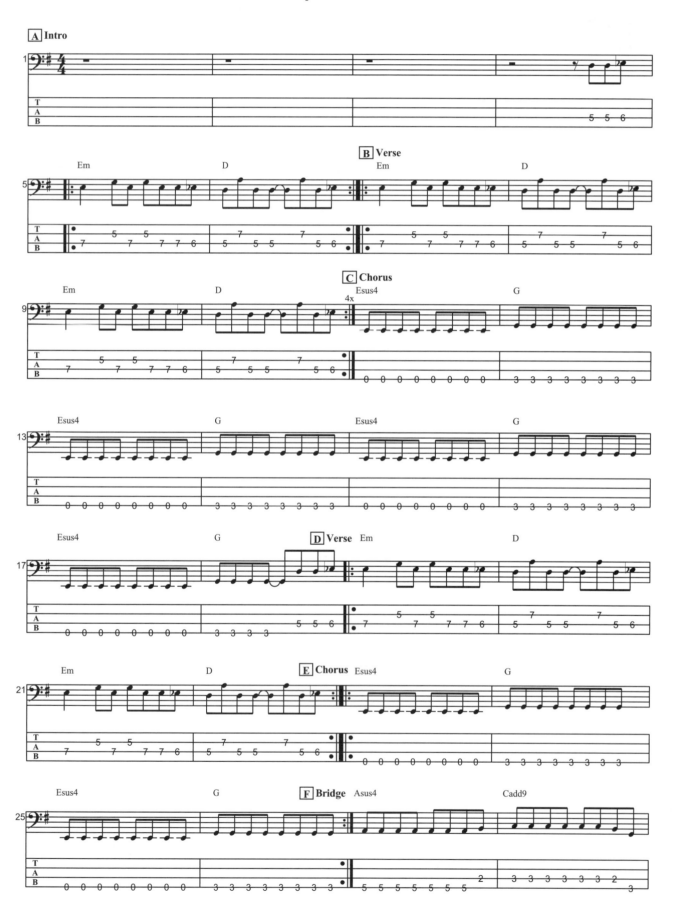

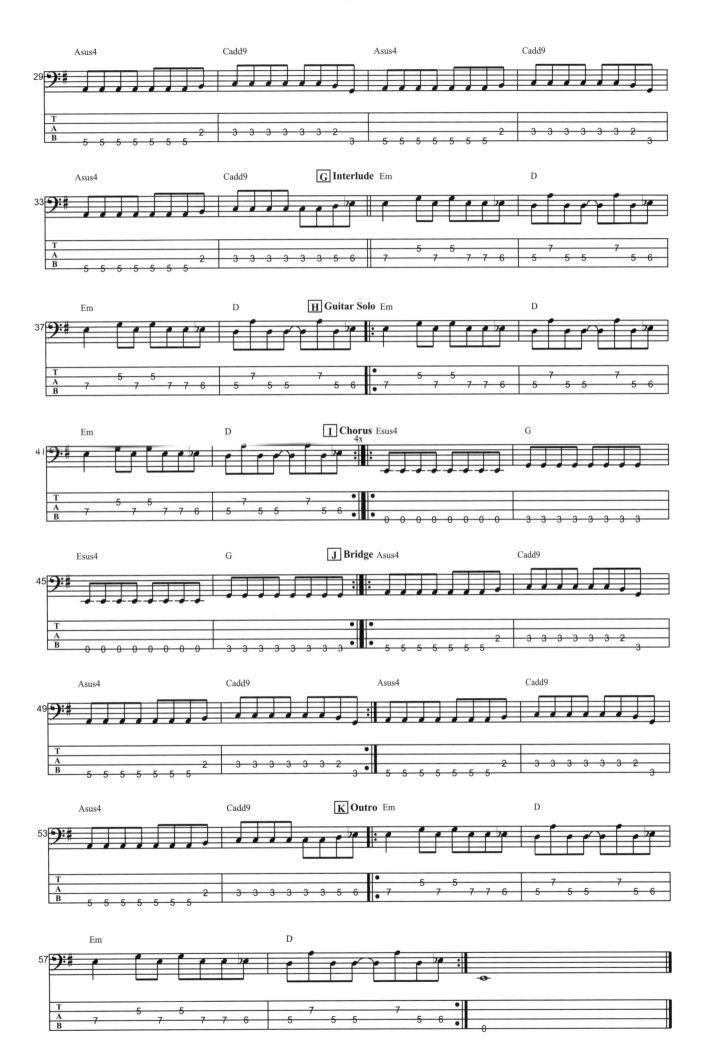

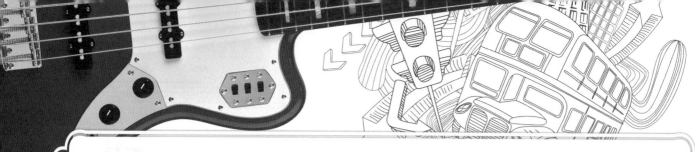

06

Don't Cry

by Guns n' Rose

1. 本首曲子貝士音色Bass+1、Mid+2、High+2。

2. Verse的Bass line幾乎是整首歌的主軸,要清楚了解樂句的語法及節奏,完整的表現出來。

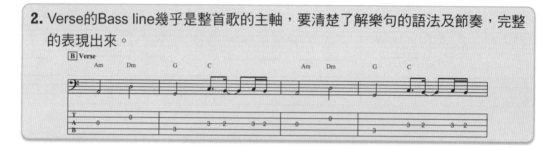

3. Chorus使用了很多經過音穿梭在和弦根音和節奏之中,應盡力模仿及學習使用經過音的概念。

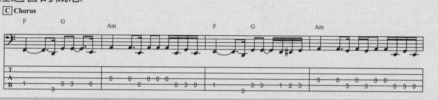

4. H段Chorus也是非常豐富的兩拍過門和經過音不停穿梭其中,雖然有些困難但可以學習到許多好聽的樂句,加油拉!

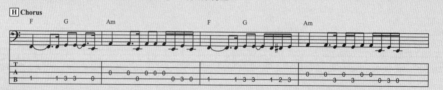

5. 十六分音符的基本練習。

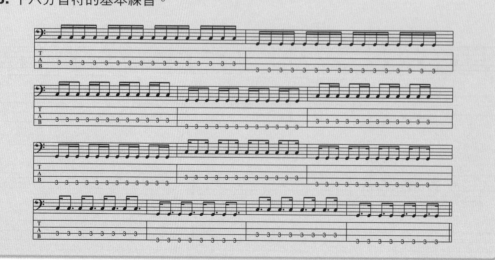

Don't Cry

by Guns n' Rose

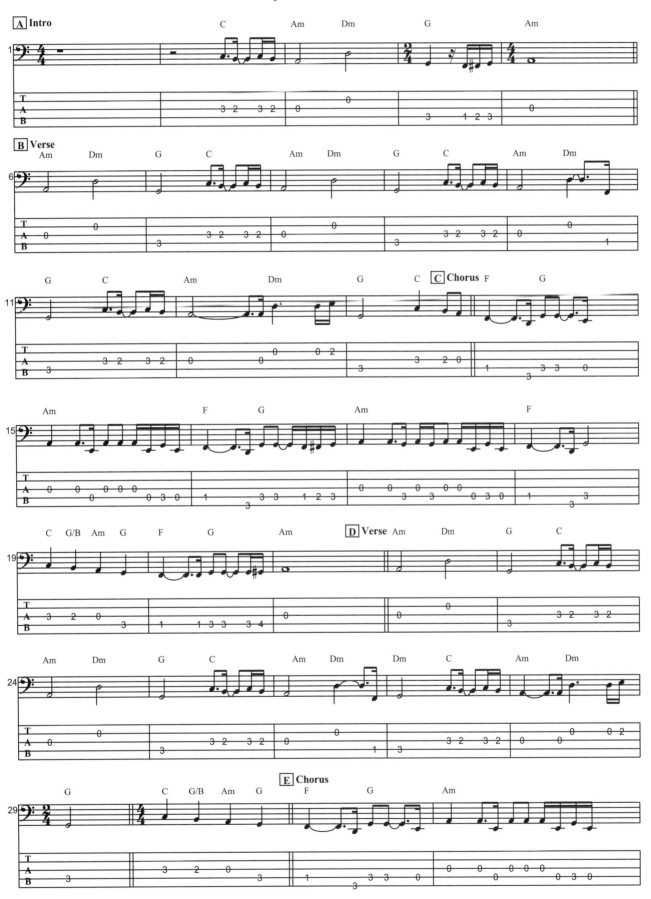

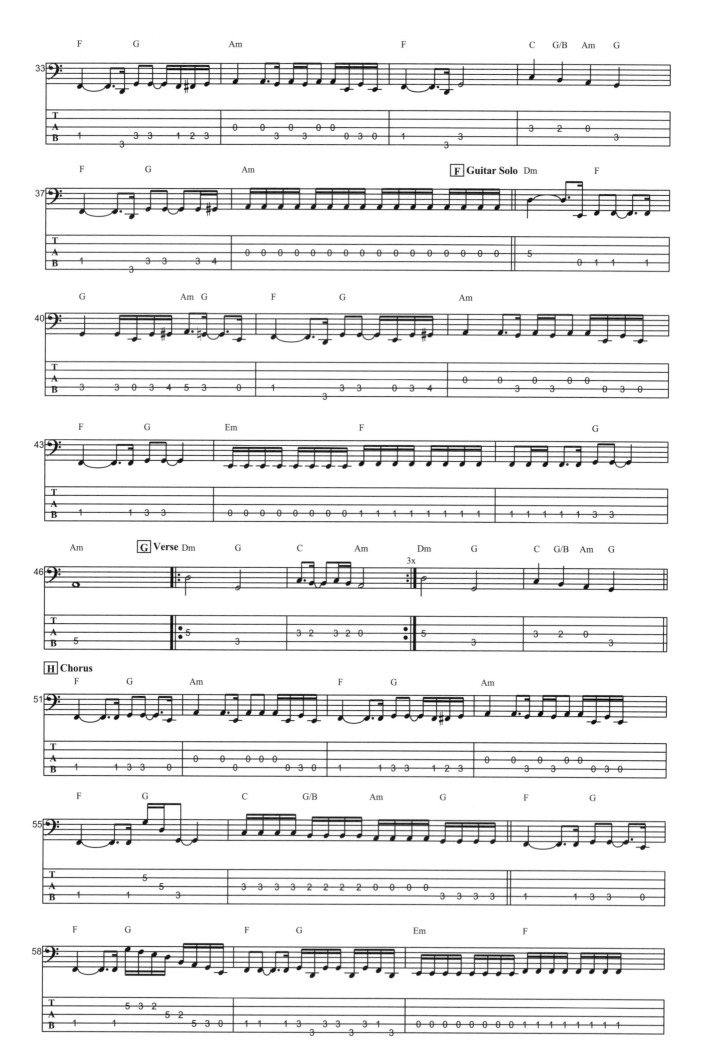

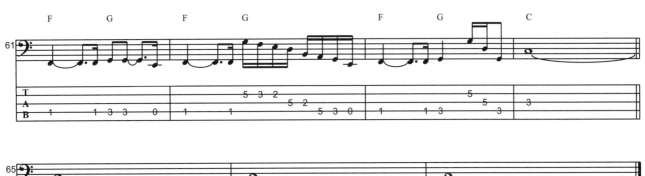

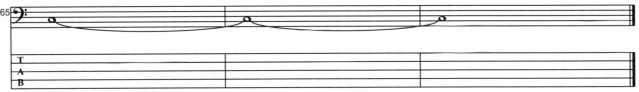

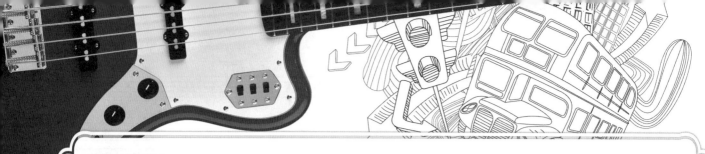

07

Enter Sandman

by Metallica

1. 本首曲子貝士音色Bass+1、Mid+2、High+2。

2. Intro很長且段落多，要注意算小節數並清楚將各個段落的差別性表現出來。

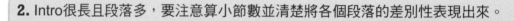

3. Pre Chorus的節奏強度要清楚表現出不同的張力。

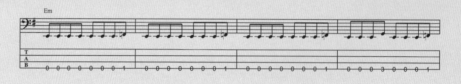

4. Verse是和吉他齊奏的Bass line，注意搶拍的位置和吉他要緊密在一起。

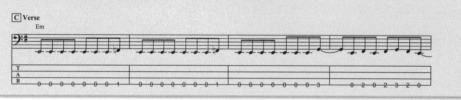

5. Chorus的第四小節有一個四拍過門，可以好好學習並加以應用。

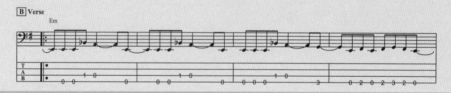

6. Guitar solo Bar.69開始和Outro亦要注意各個段落的張力和差異。

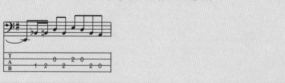

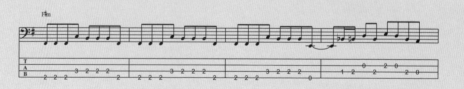

7. 整首曲子的張力很大，先熟悉各個段落的樂句之後，要整合全曲，將歌曲的起伏呈現出來。

Enter Sandman

by Metallica

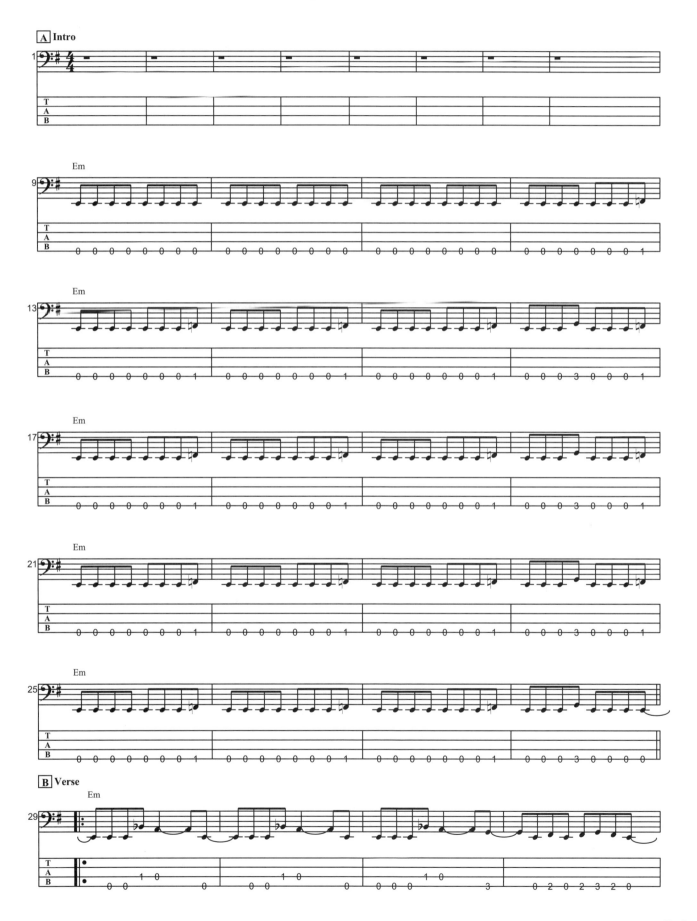

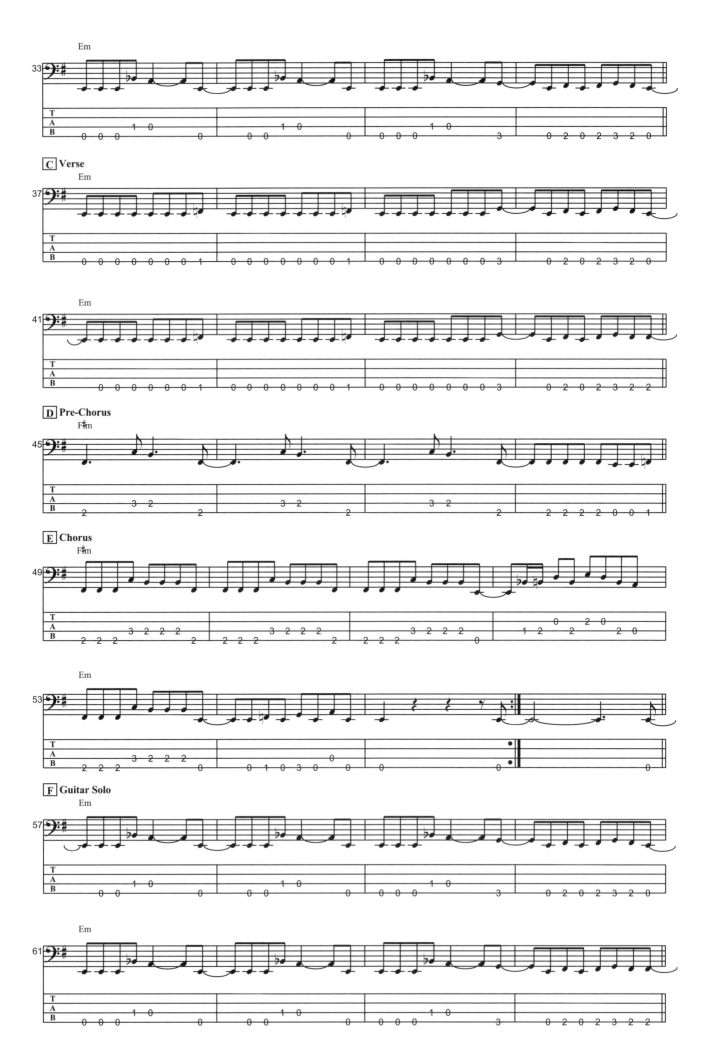

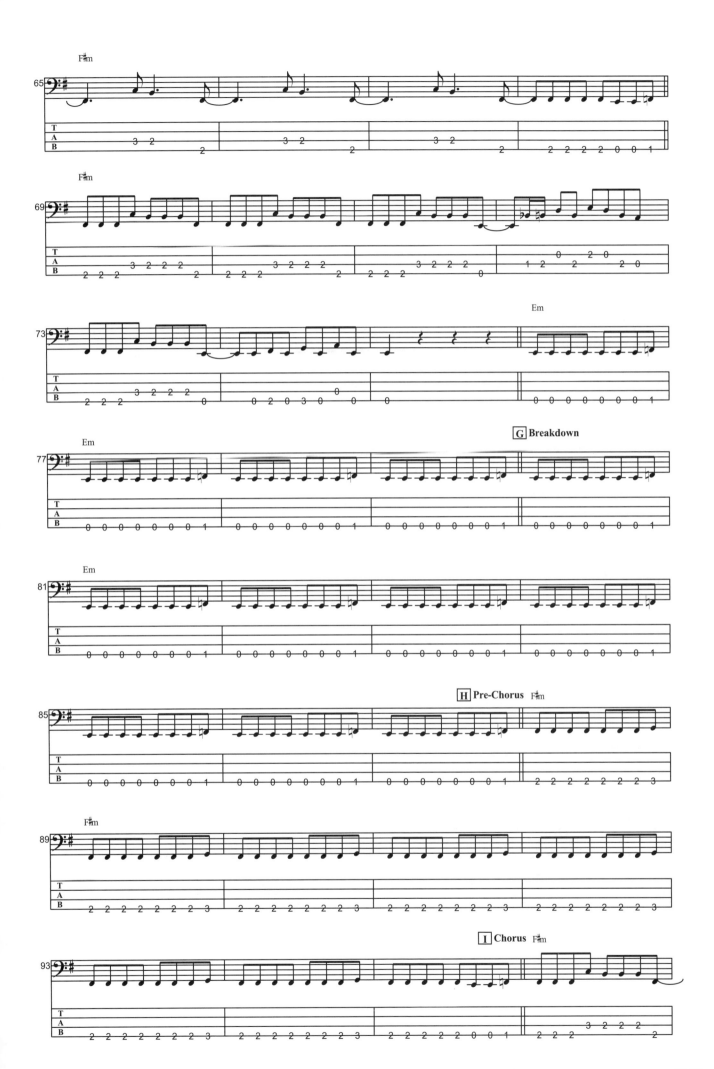

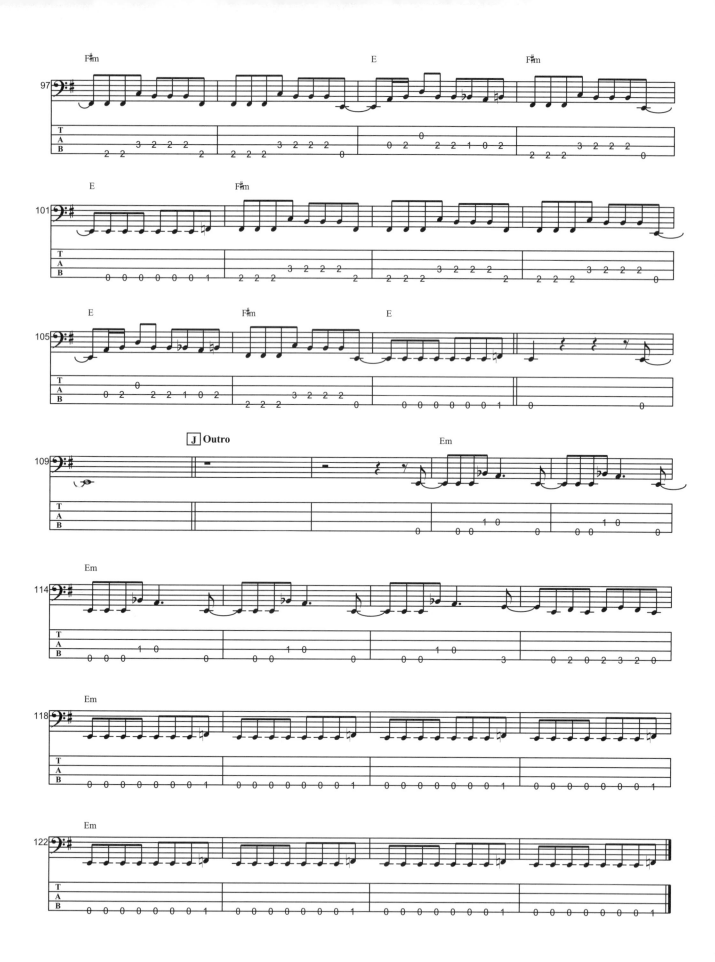

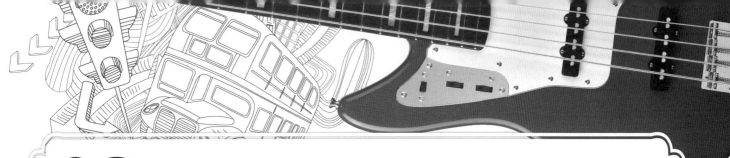

08 Green-Tinted Sixties Mind

by Mr. Big

1. 本首曲子貝士音色Bass+0、Mid+3、High+2。

2. Intro是運用了高把位的雙音，其中右手食指彈D弦，中指彈G弦，可以先單獨練右手來習慣兩指一起彈奏的方法（如圖）。

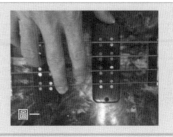

圖一

3. Bar.9-10左手第一個雙音是食指彈G#中指彈E；第二個音是中指彈E無名指彈A；第三個音是中指彈A，無名指彈D；第四個音是中指彈B無名指彈E（如圖）。

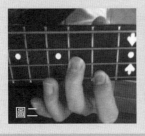
圖二

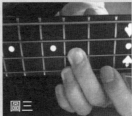
圖三

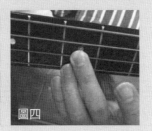
圖四

4. Verse的第四小節Bar.20，第一個音是中指彈A，無名指彈D，最後是食指彈G#，無名指彈E。

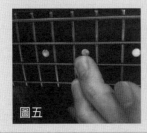
圖五

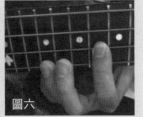
圖六

5. Outro最後一小節，第一個音是中指彈A，無名指彈E♭，最後是食指彈G#，無名指彈E。

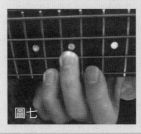
圖七

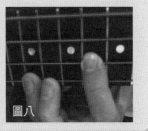
圖八

6. 在Guitar solo Bar.42開始，注意是一個3+2的重拍彈奏，和鼓手一起將重拍強調出來，可以先練習只打節奏，習慣後再加上音符彈奏。

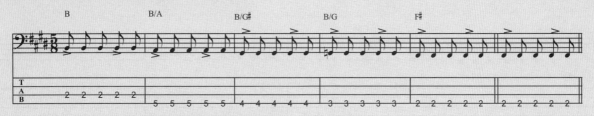

Green-Tinted Sixties Mind

by Mr. Big

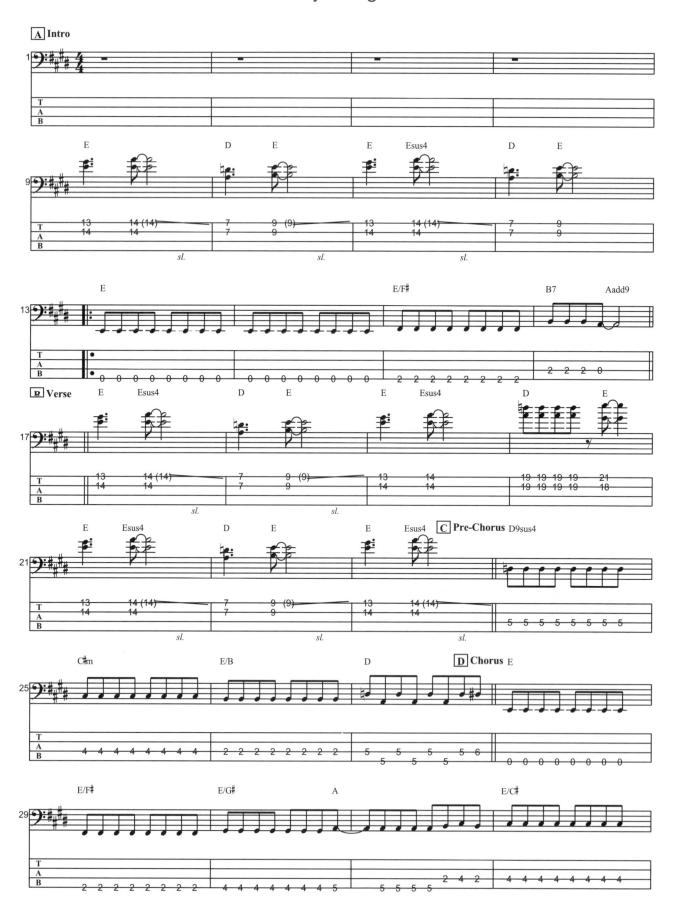

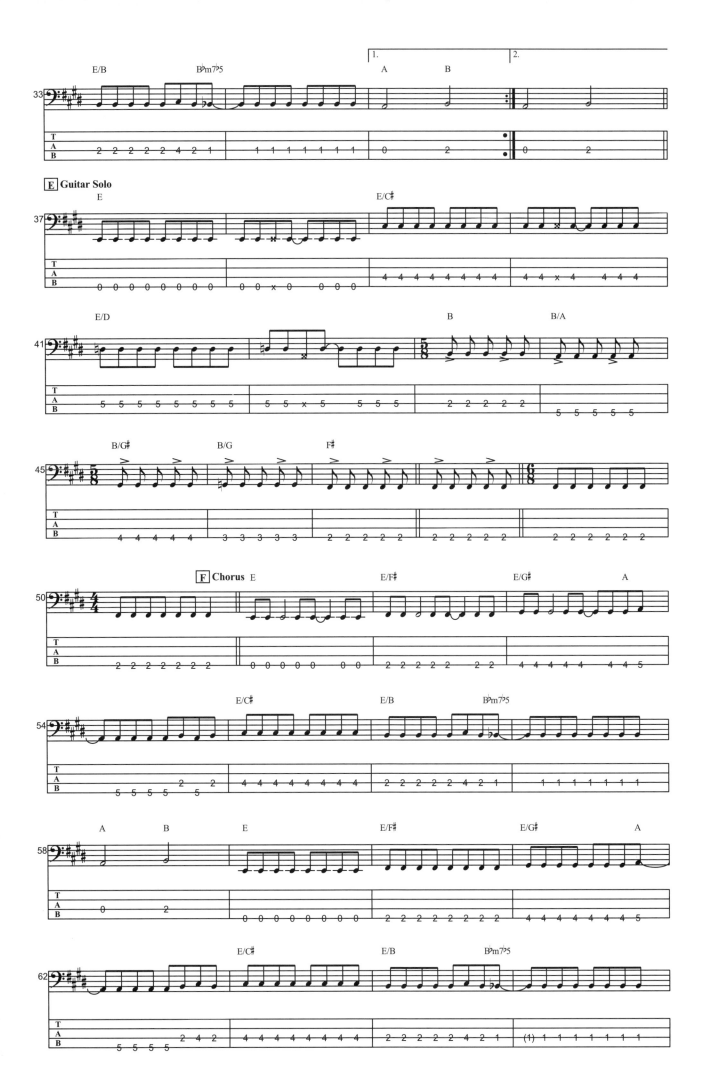

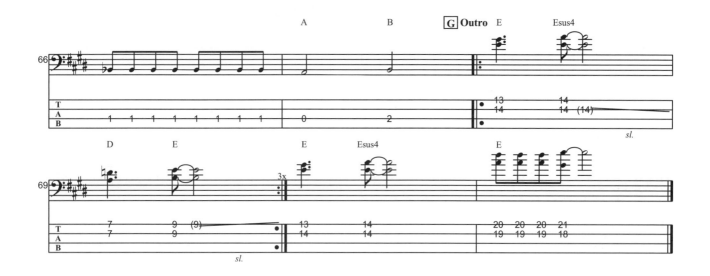

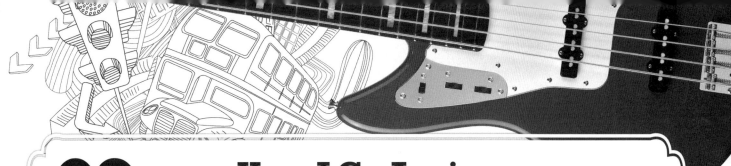

09 Here I Go Again
by Whitesnake

1. 本首曲子貝士音色Bass+1、Mid+2、High+1。

2. Intro和Verse是連續的八分音符,要注意拍子和音色的平均,可以維持穩定是最重要的。

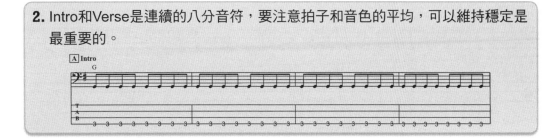

3. Chorus和吉他一起合奏,注意該停頓的地方要明確且乾淨,才會將音樂的力道展現出來。

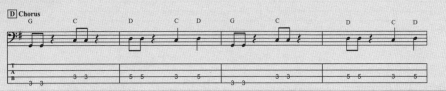

4. Bridge也是和大家一起的合擊,注意反拍的位置要精準,才會讓音樂聽起來很整齊。

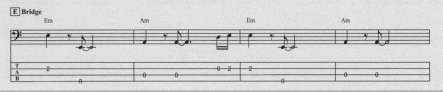

5. 關於休止符的基本練習。

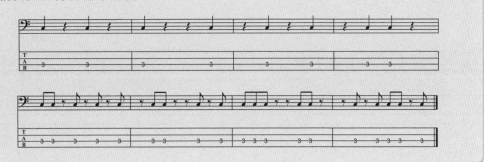

Here I Go Again

by Whitesnake

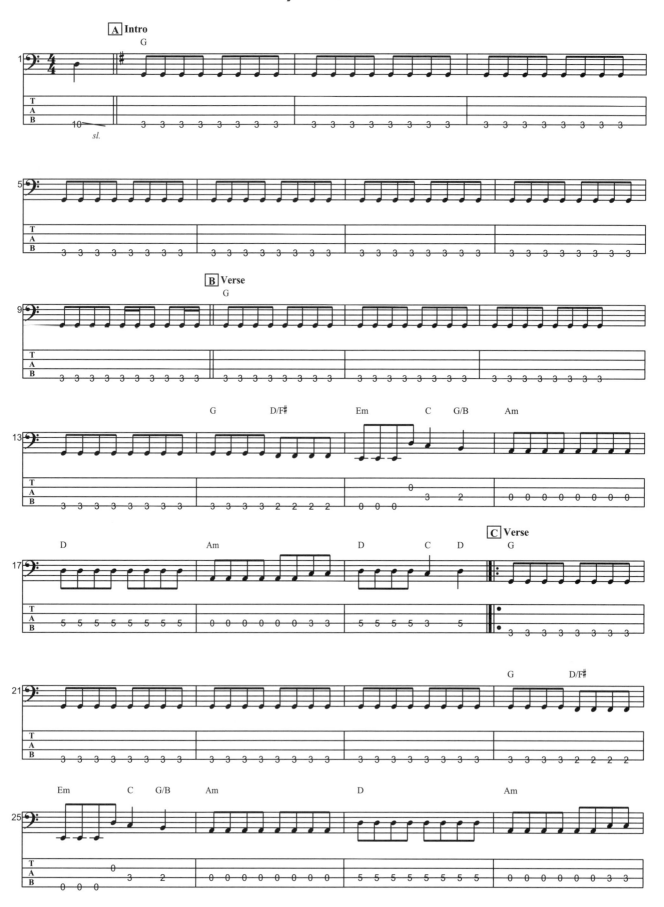

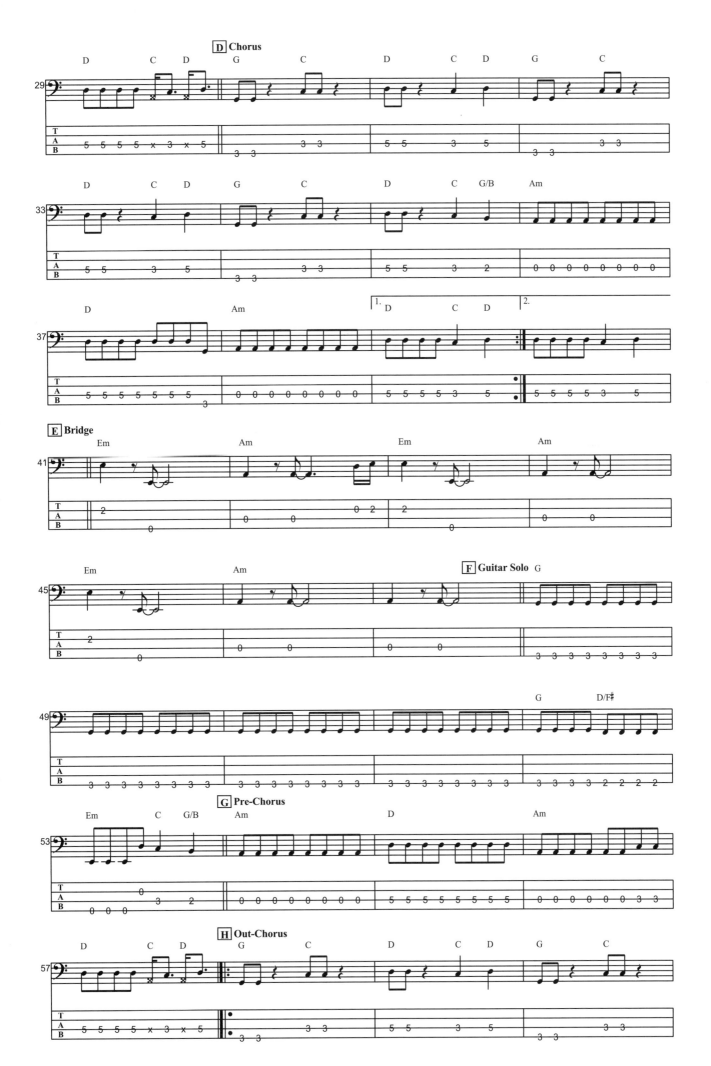

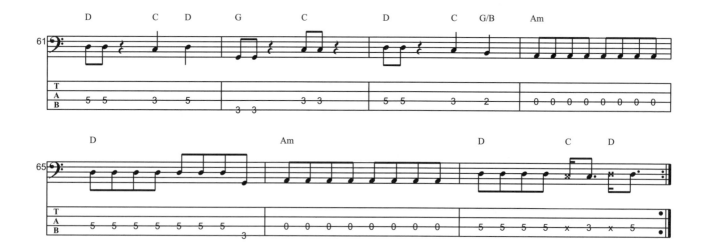

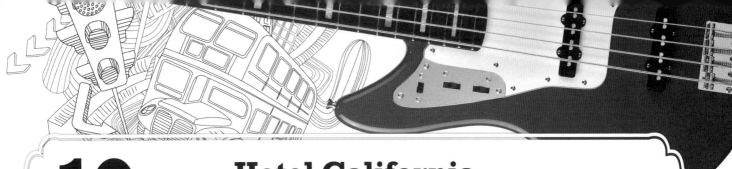

10 Hotel California

by Eagles

1. 本首曲子貝士音色Bass+1、Mid+0、High+1.5。

2. Verse是非常經典的Bass line，略帶一點Reggae節奏的Bass line，節奏性非常強烈。注意高低音轉換時，左右手的搭配加上悶音的運用，換把位時的手指位置要固定明確，基本上是兩個小節換一次把位。

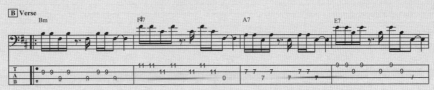

3. Chorus和吉他一起合奏，注意該停頓的地方要明確且乾淨，才會將音樂的力道展現出來。

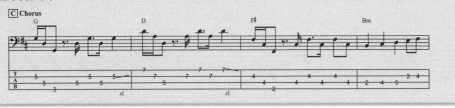

4. Guitar solo Bar.76有一個四拍的變奏，應清楚表現出來支持Guitar，使其Solo可以更有感覺。

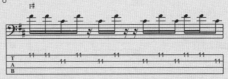

5. 最後尾奏十六分音符，務必力求拍子平均、音色一致，結束時亦清楚簡潔和吉他、鼓一起合奏完成。

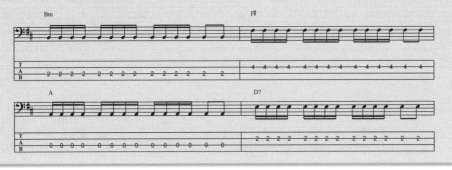

Hotel California

by Eagles

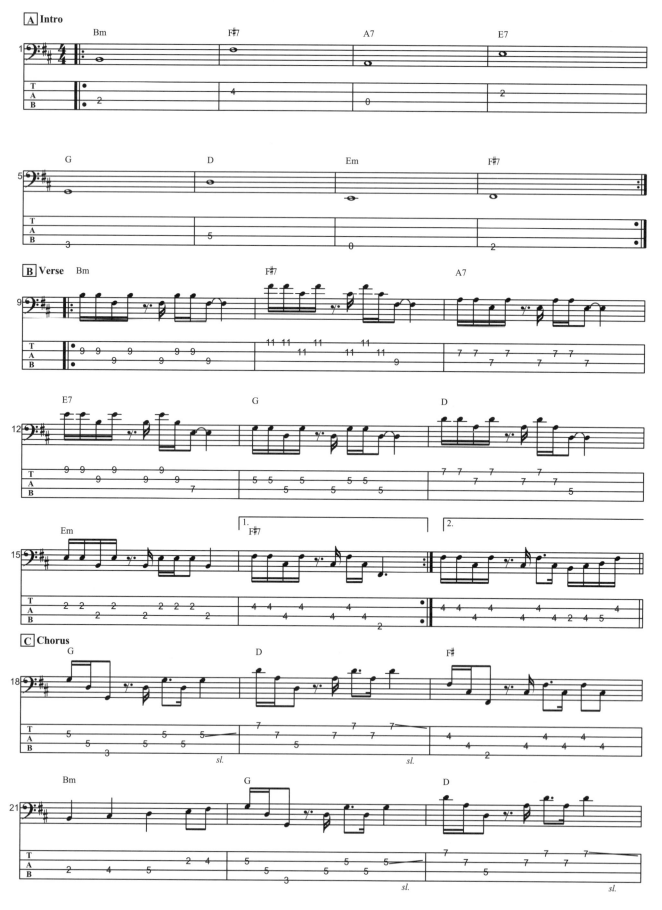

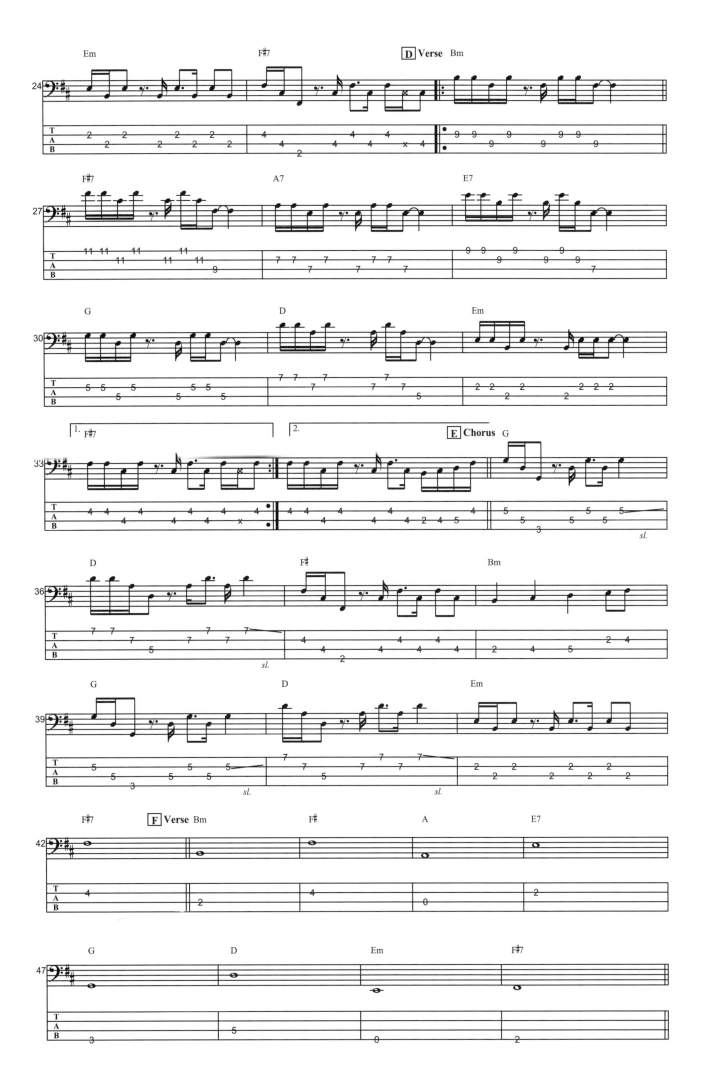

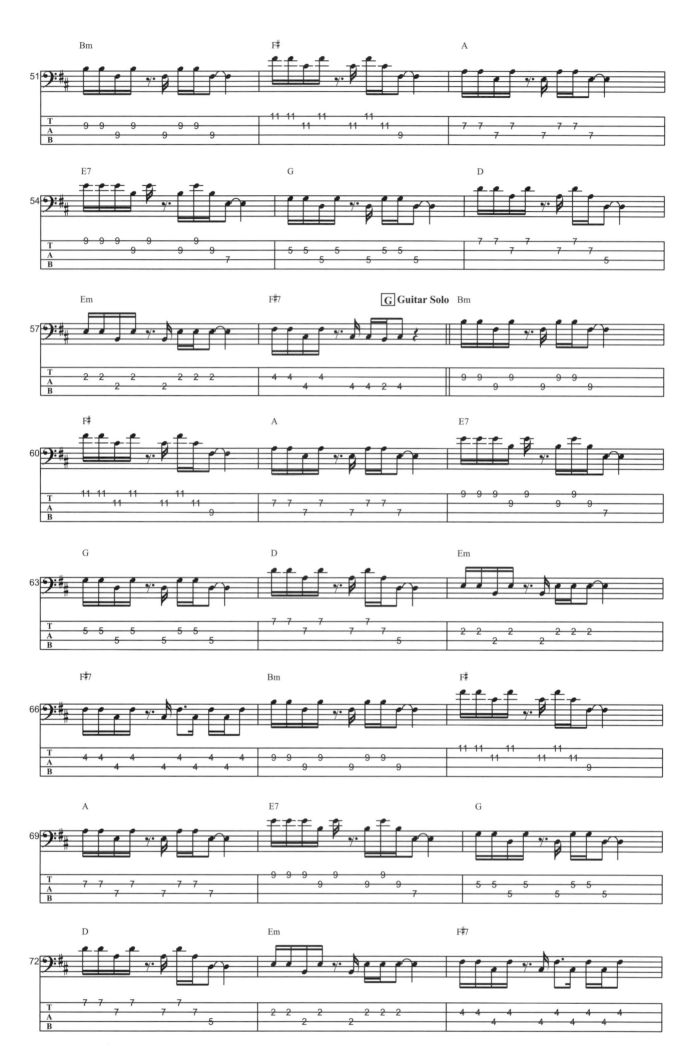

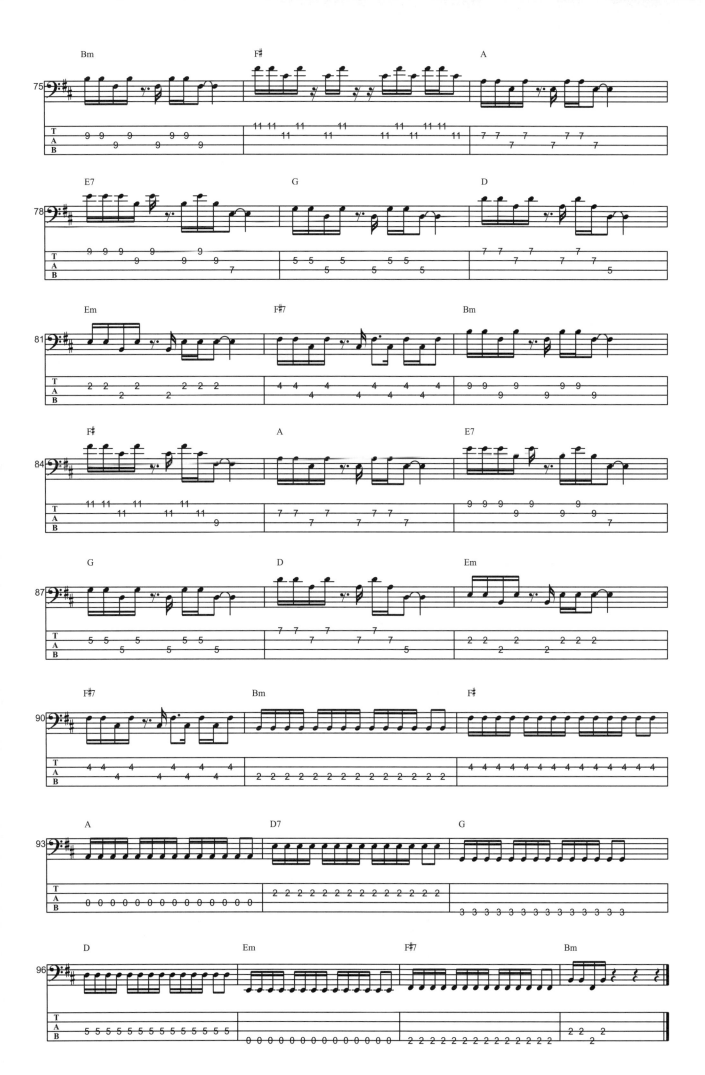

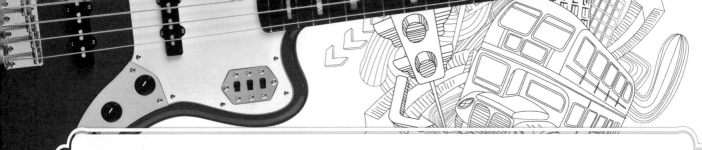

11 I Can't Tell You Why
by Eagles

1. 本首曲子貝士音色Bass+1、Mid+1、High+1。

2. Intro應注意根音、五度音和八度音的搭配，並注意拍子的穩定。

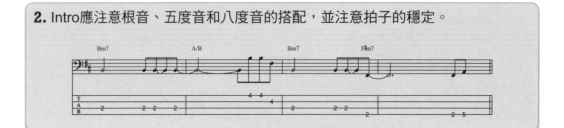

3. Verse和Chorus有很多經過音的使用，可以學習並應用於其他曲子。

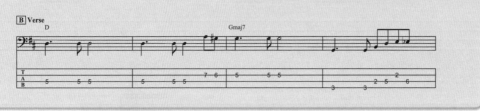

4. 吉他Solo的第二小節是一個很好聽的過門，要注意將樂句表現出來。

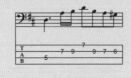

5. 尾奏是一個很好聽的Bass line，好好練習並且分析其音階組成的方式。

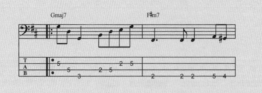

6. 本曲的節奏是很緩慢的附點四分音符加上八分音符來搭配，注意要維持相同的節奏感，不要過快或過慢，也許內容聽起來似乎很容易，但能持續維持相同的節奏感卻是不容易辦到的。

I Can't Tell You Why

by Eagles

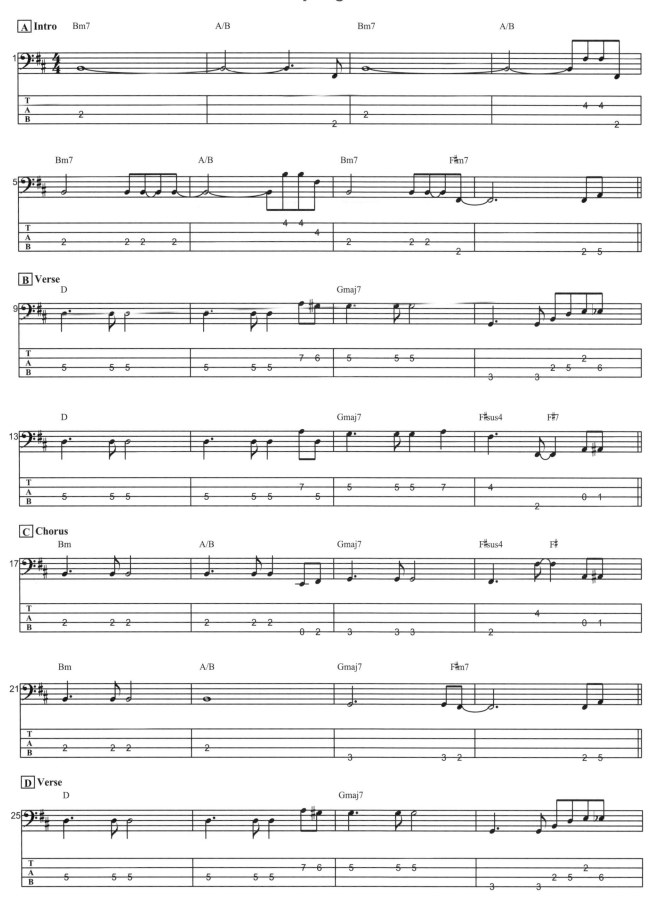

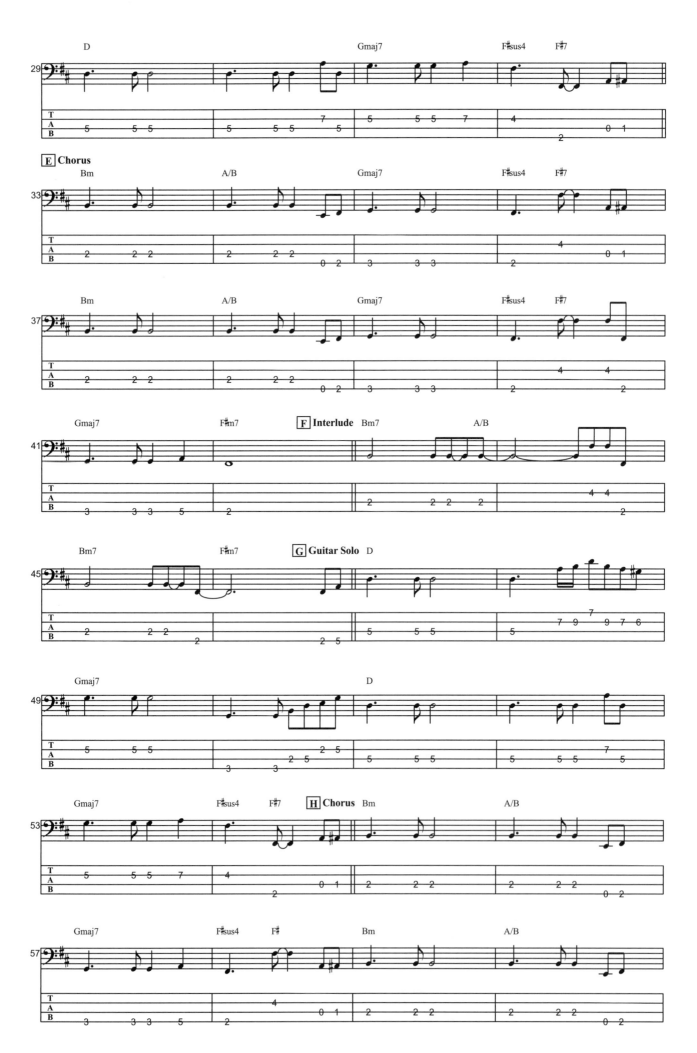

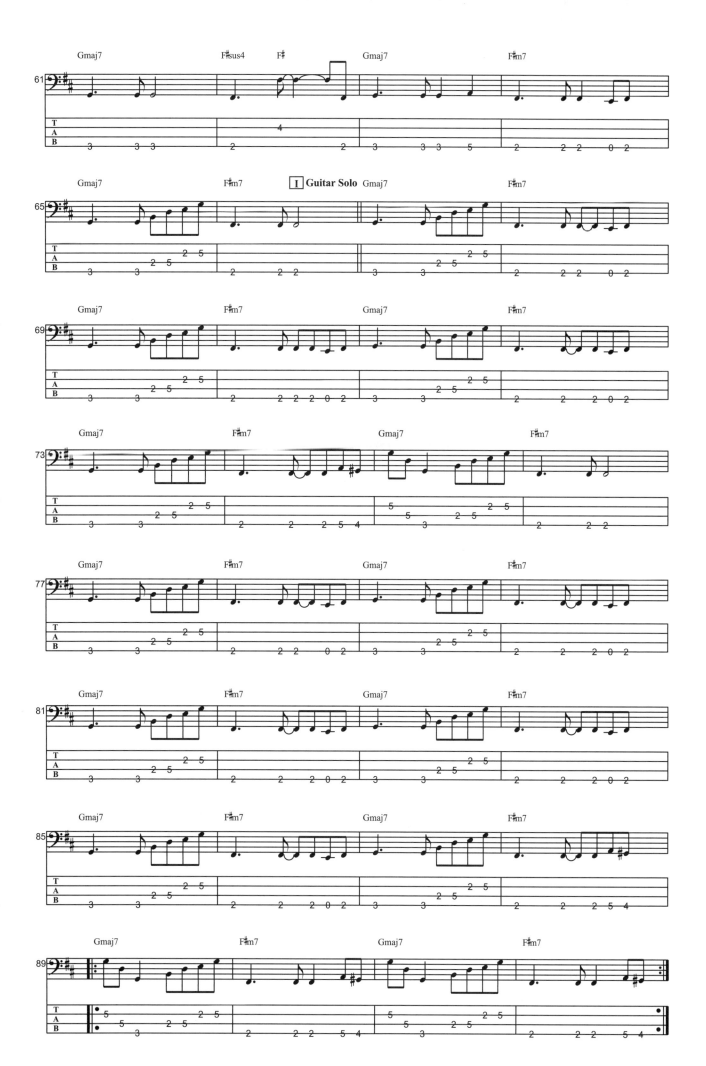

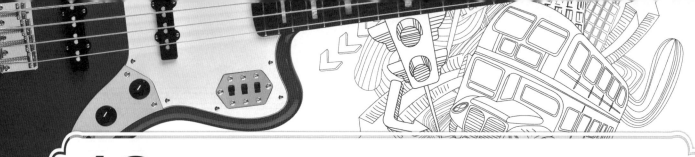

12 In The End

by Linkin Park

1. 本首曲子貝士音色Bass+1、Mid+1、High+1。

2. 本曲貝士採用了調弦法,原本的G、D、A、E變成G♭、D♭、A♭、D♭。

3. 由於調弦的關係,需要重新習慣左手指型的改變,可以先做基本的音階練習再來彈奏。

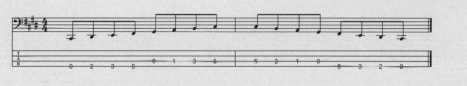

4. Verse 十六分音符要和大鼓咬緊,才會產生強烈的節奏感。

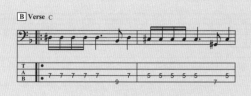

5. Chorus應注意節奏的平均和大鼓一起合奏的地方。

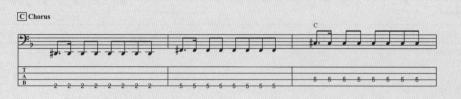

6. Breakdown是長音加上一些經過音的使用。

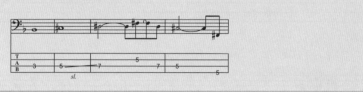

In The End

by Linkin Park

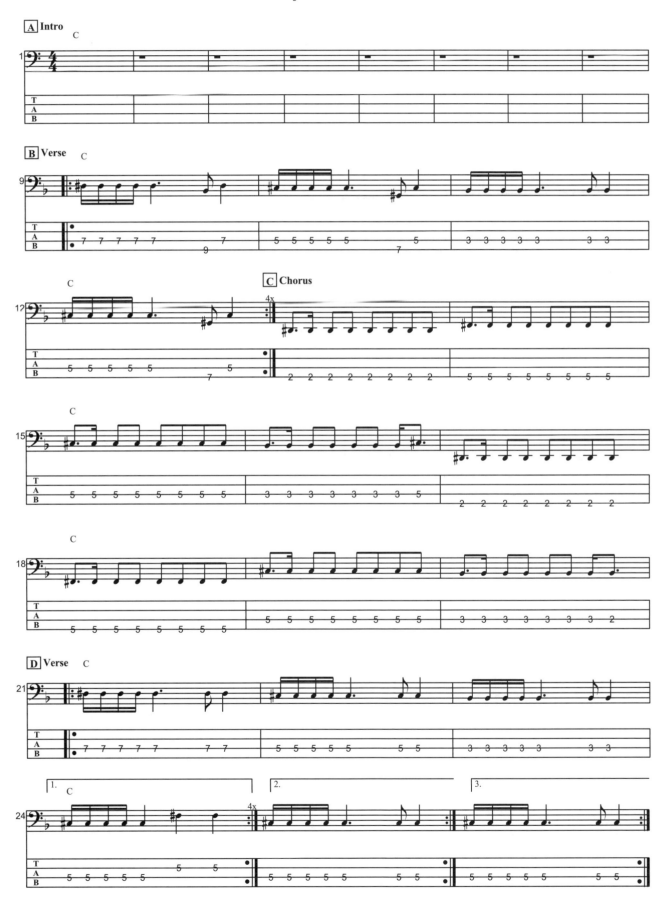

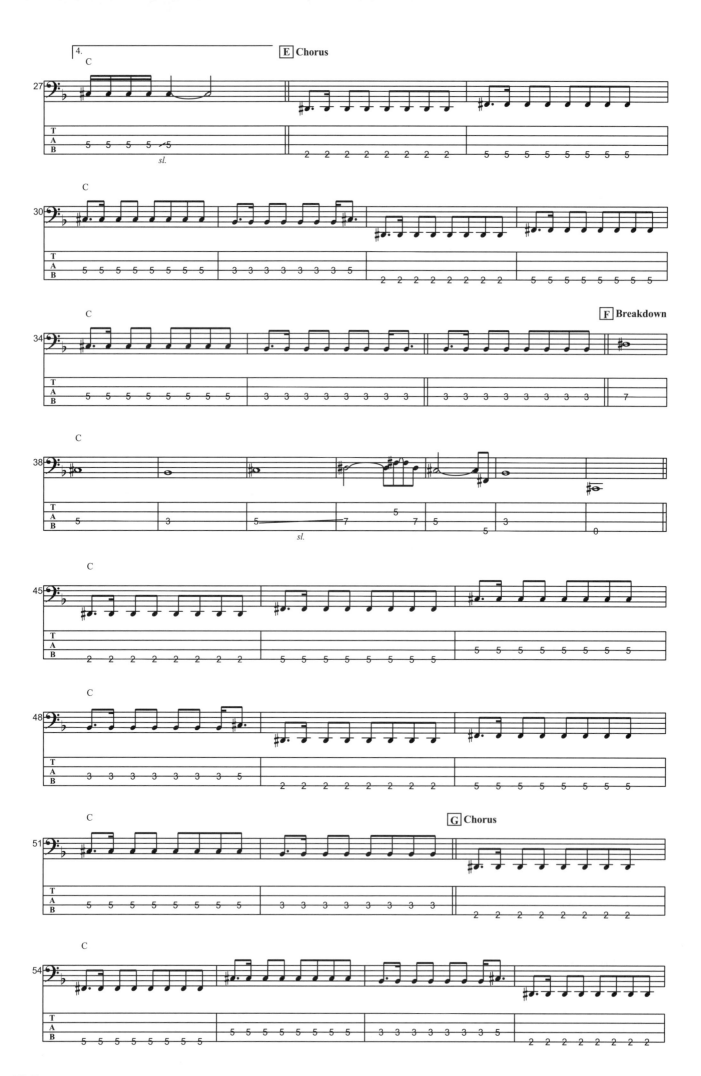

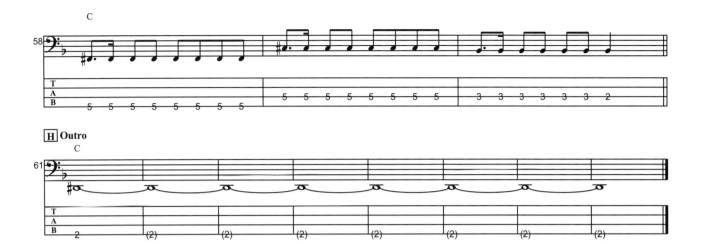

H Outro

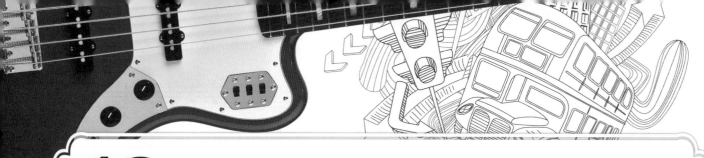

13

It's My Life

by Bon Jovi

1. 本首曲子貝士音色Bass+1、Mid+0、High+1。

2. Verse的Bass line有低音C，是五弦貝斯才可以彈出的音，若你是用四弦琴可以改成高八度音的C。

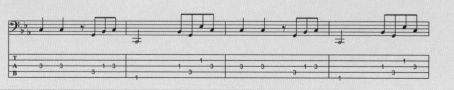

3. Chorus是一連串八分音符加上經過音的使用，是可以學習如何編出一個好聽的經過音。

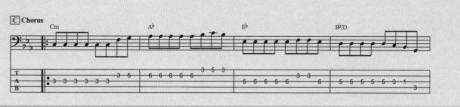

4. 經過音的基本練習（二）。

（1）半音階上行：使用半音階做經過音時，第一音還是要使用自然音階內的音會比較好。

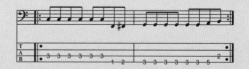

（2）半音階下行。

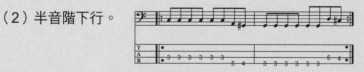

（3）和弦。

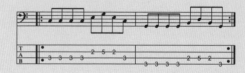

It's My Life

by Bon Jovi

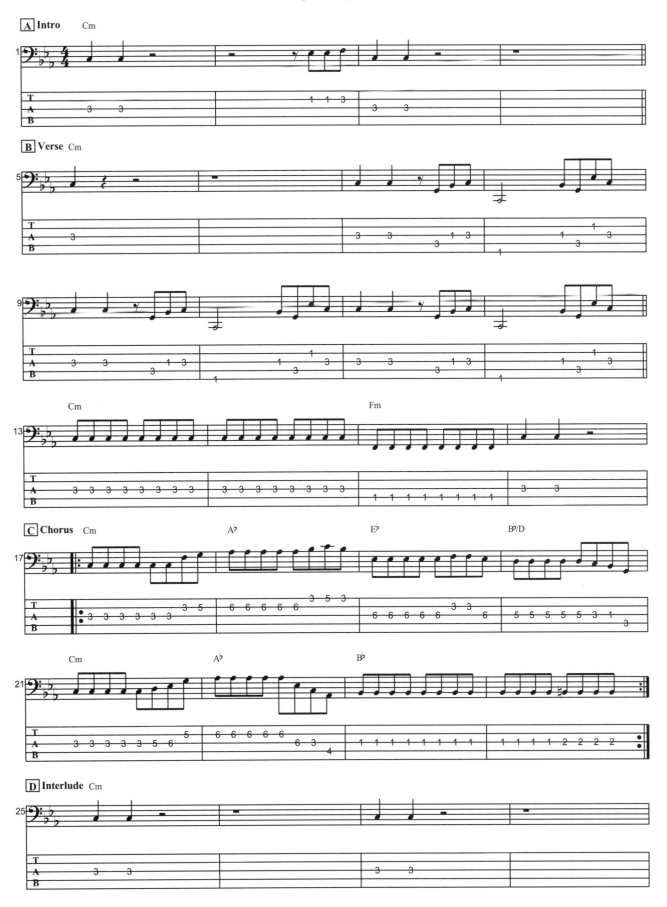

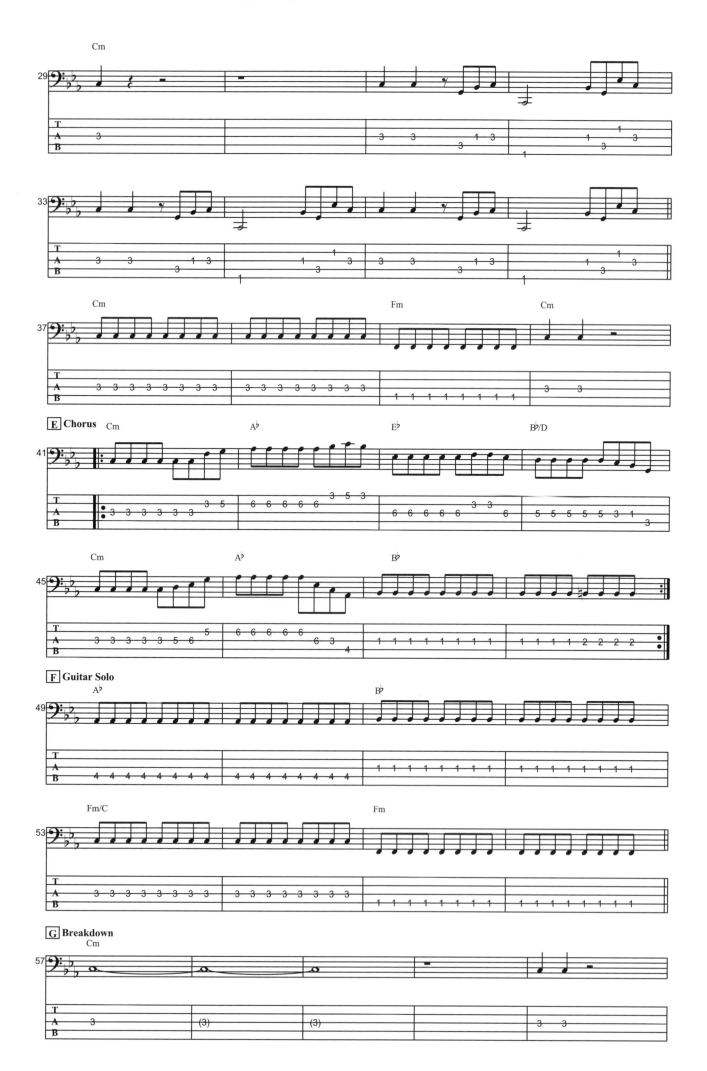

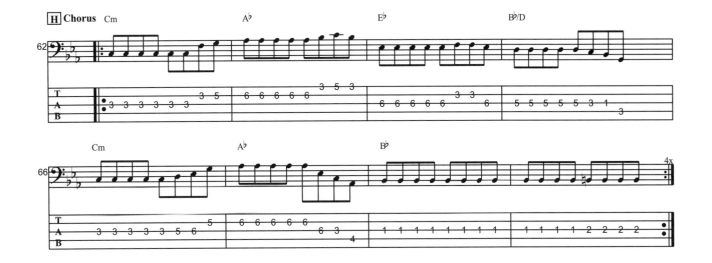

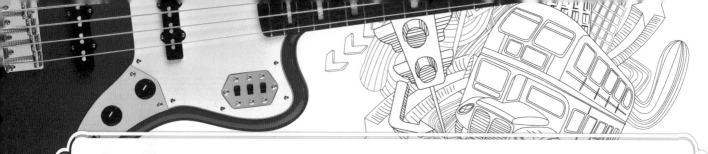

14 Just Take My Heart

by Mr. Big

1. 本首曲子貝士音色Bass+1、Mid+2、High+1。

2. Verse是八分音符的切分音而且只有貝士在處理，要注意和其他樂器的搭配，否則拍子並不容易掌握。

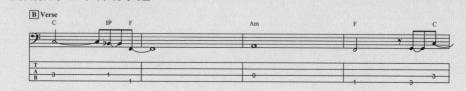

3. Bar.29有兩段高把位的垂勾音，並且又是十六分音符的組合，建議先練習放慢來彈，再彈原曲速度。

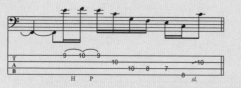

4. Guitar solo是五度和八度組合的Bass line，請注意左手指型。

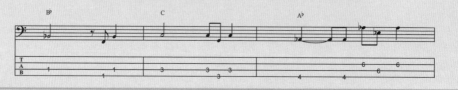

5. J段Chorus轉調至D，只要將指型往右移動兩格，所有音符的相對位置都是一樣的。

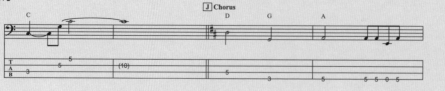

6. Outro和Intro是類似的樂句，只有經過音不同，要注意漸慢結束。

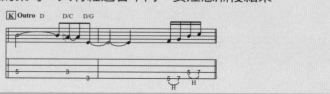

Just Take My Heart

by Mr. Big

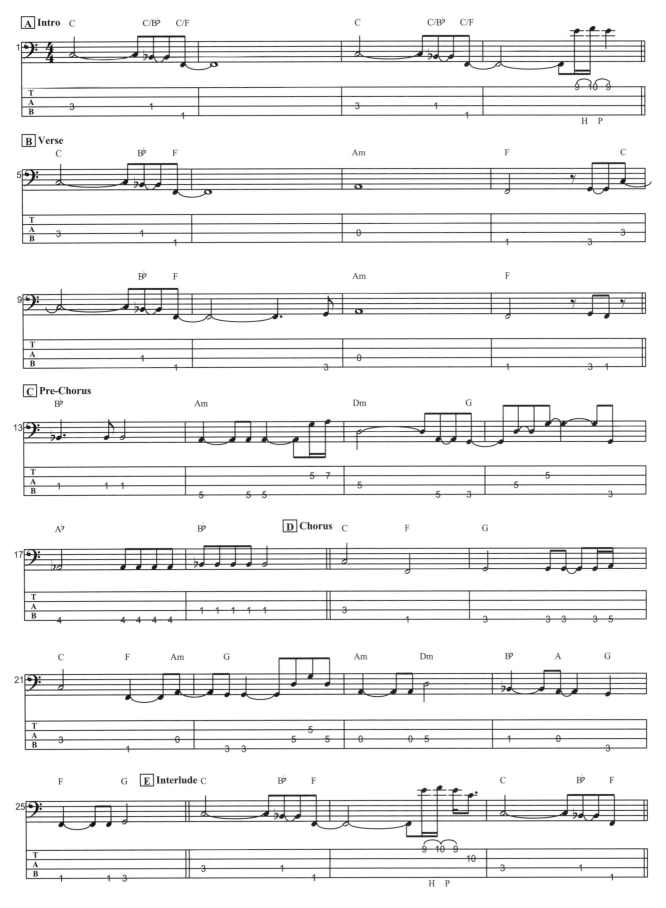

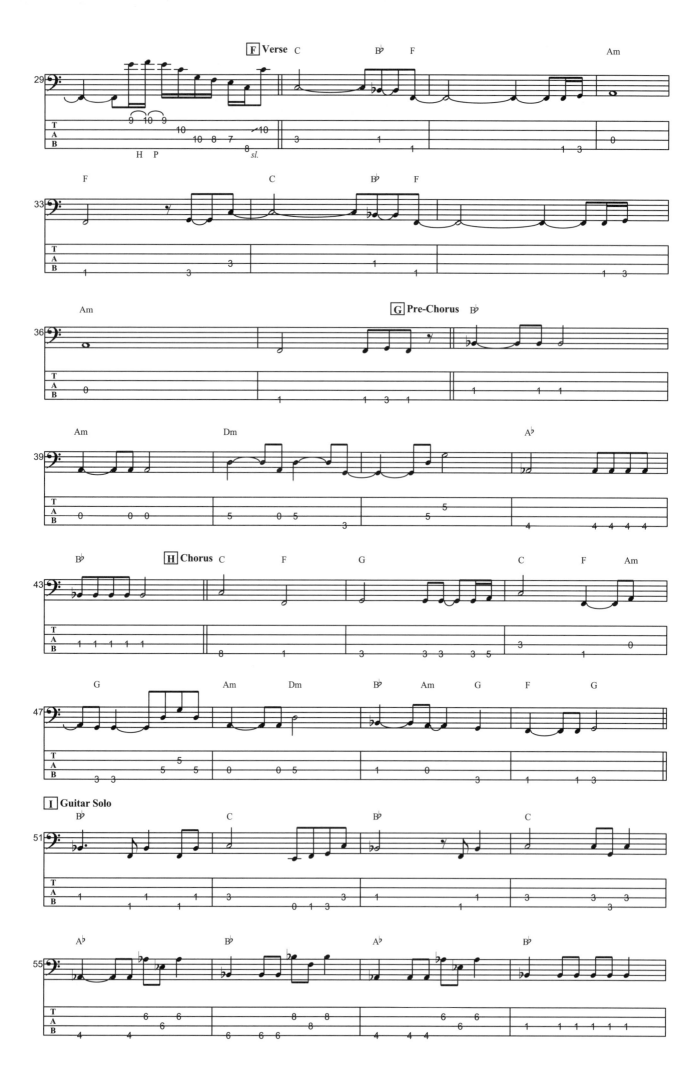

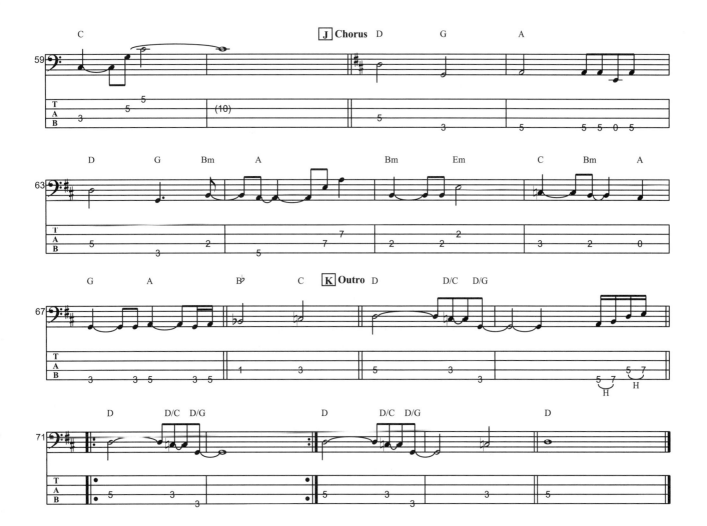

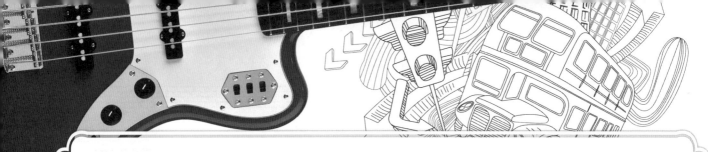

15 Living On A Prayer
by Bon Jovi

1. 本首曲子貝士音色Bass+2、Mid+0、High+1。

2. Intro和Verse的Bass line看似簡單，但是要能長時間持續彈出平均的拍子和相同的音色卻是需要不停的練習。

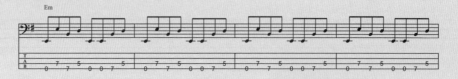

3. Pre chorus和Chorus是連續的八分音符加上經過音的句子，可以學習如何編出一個好聽的Bass line、如何運用音階及和弦音來穿梭於八分音符之中，本曲是非常好的範例。

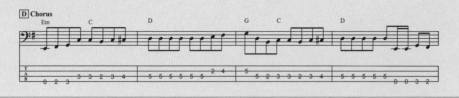

4. Out chorus前有一個3/4的拍子要注意，是一個兩拍三連音再加上一個四分音符。

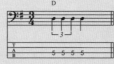

5. Out chorus轉調至Gm，在第四小節的經過音有點難度，可以先單獨練習兩拍再練整個小節。

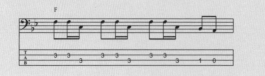

Living On A Prayer

by Bon Jovi

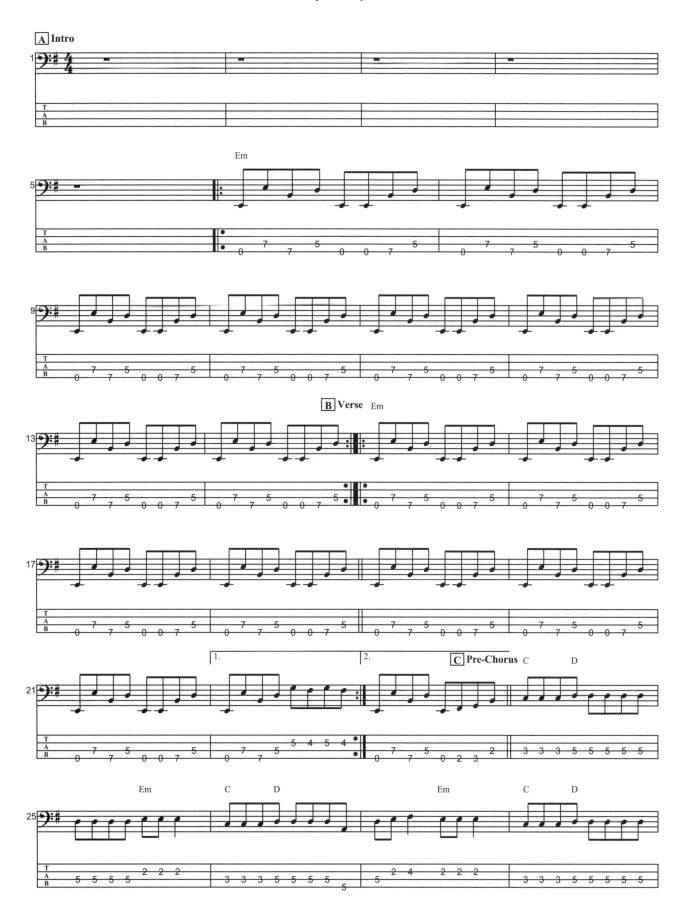

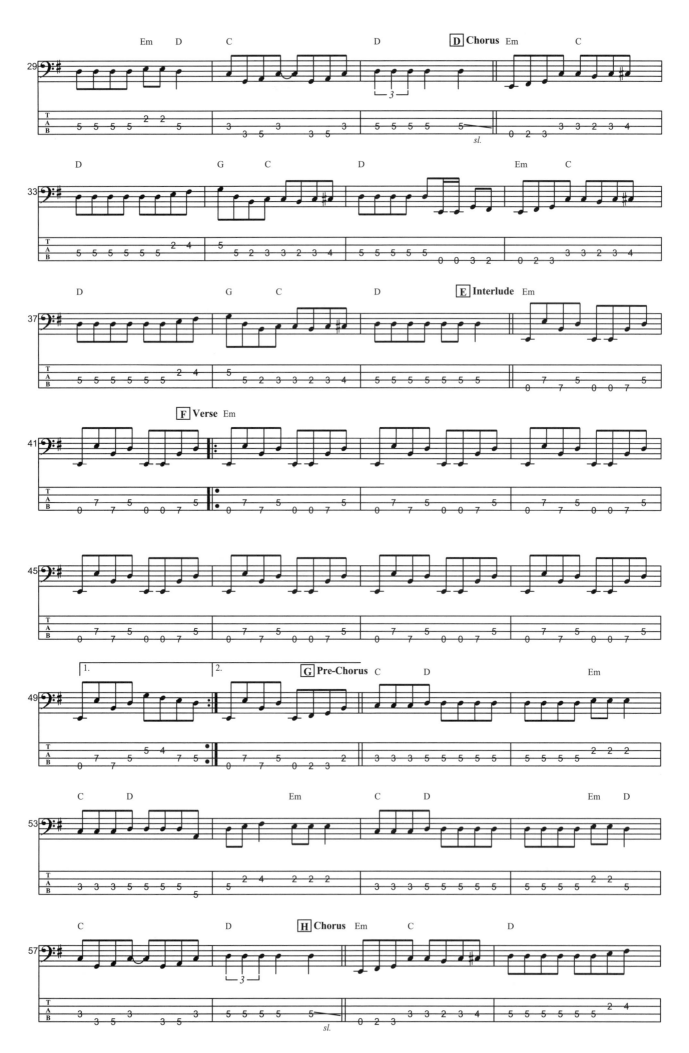

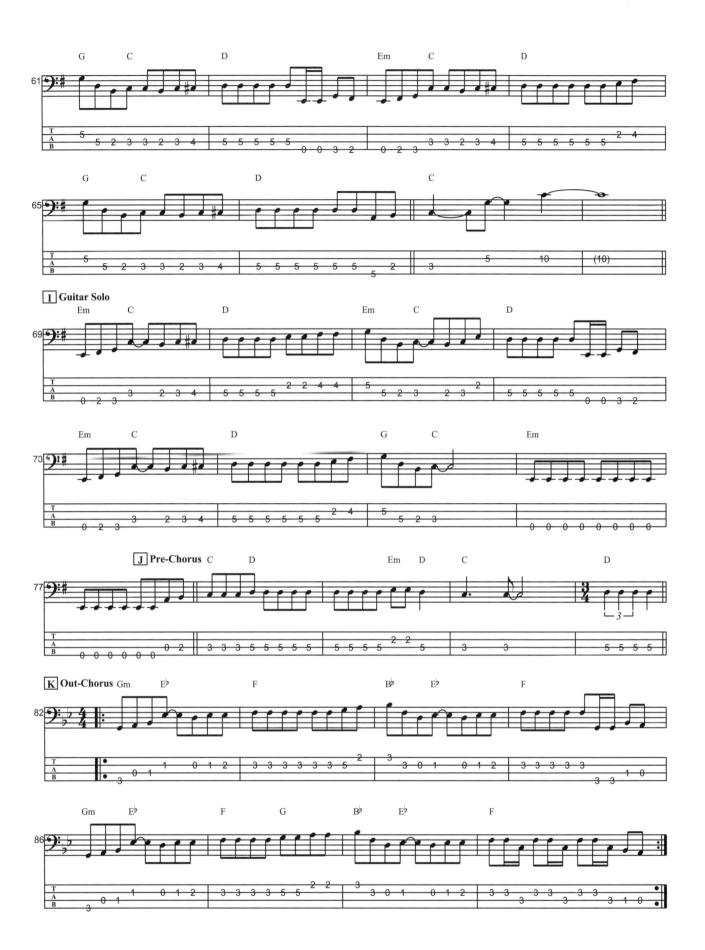

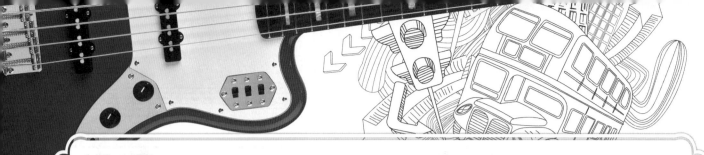

16 Never Say Goodbye
by Bon Jovi

1. 本首曲子貝士音色Bass+2、Mid+1、High+1。

2. 注意整首曲子的節奏Bar.7~8，附點四分音符之後的八分音符是短音，要清楚表現出來。

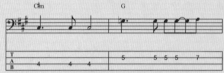

3. 慢歌務必要將音符彈滿，初學者經常會在換和弦之間有太長的停頓。

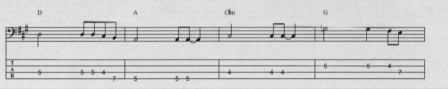

4. Bar.17是很漂亮的四拍過門，也是很重要的一個轉折點，務必很明確的將音符彈出。

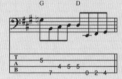

5. Bar.37是充滿十六分音符的過門，不容易掌握，要特別注意！

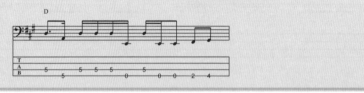

6. Guitar solo Bar.57是一個充滿了十六分音符的過門，作用是要將情緒帶到另一個段落，要將音樂強弱表現出來。

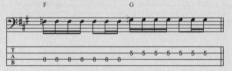

Never Say Goodbye

by Bon Jovi

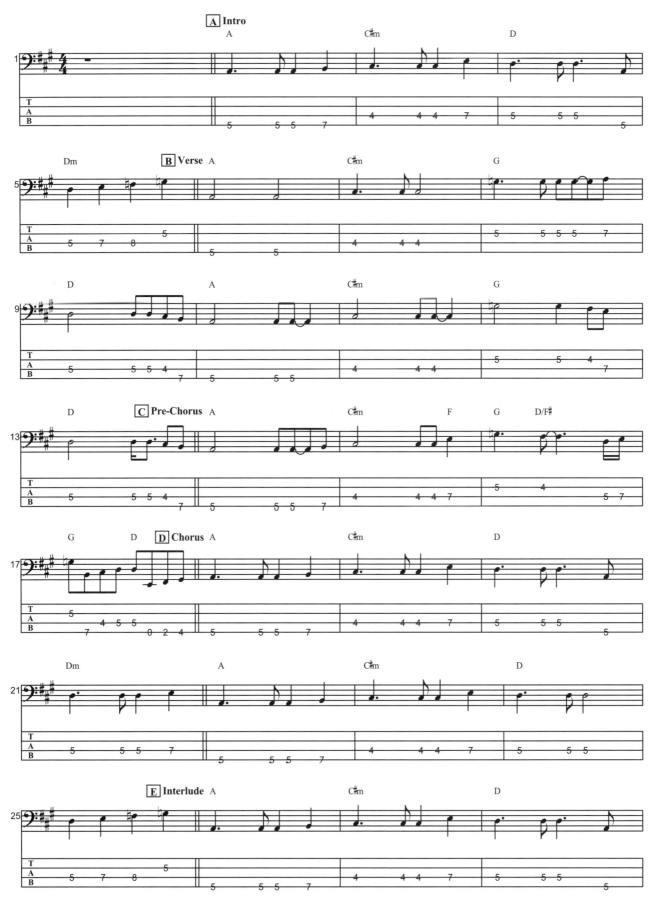

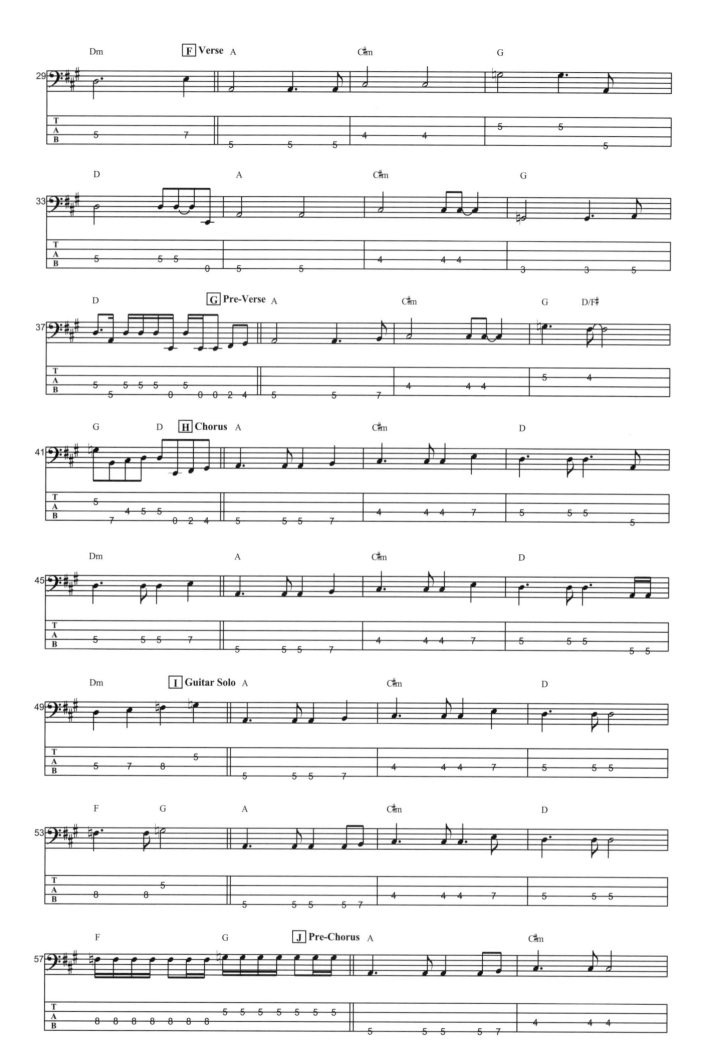

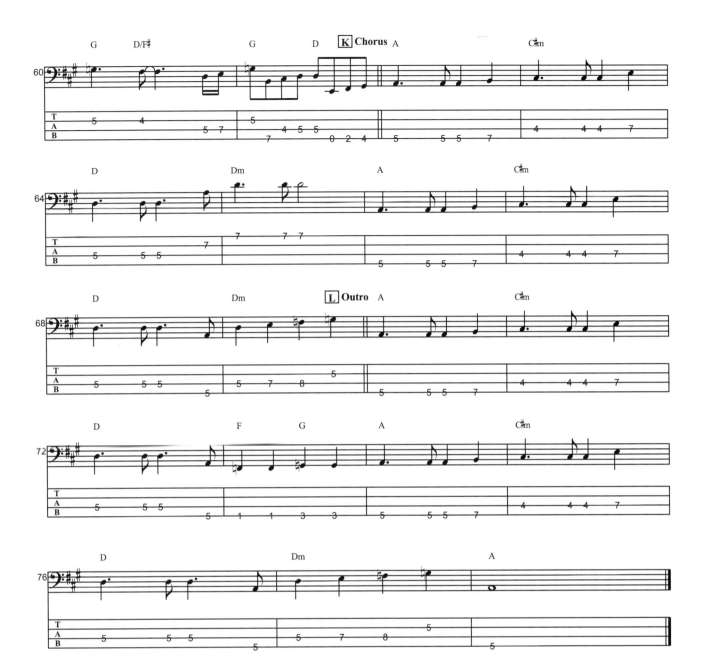

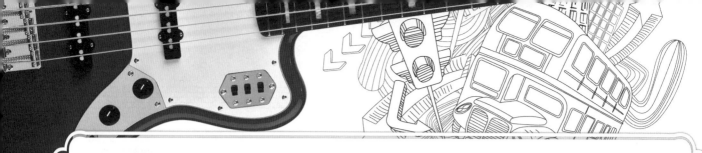

17 Nothing But a Good Time

by Poison

1. 本首曲子貝士音色Bass+1、Mid+1、High+0。

2. 彈奏前先將貝士弦調降一個半音，使原本G、D、A、E變成G♭、D♭、A♭、E♭。

3. 本曲重點在於有很多八分音符切分音，可以先單獨練習所有切分音的節奏。

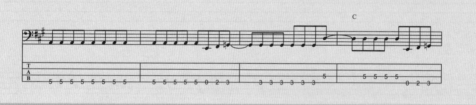

4. Verse有雙音的彈奏，注意左手的運指方式和切分音的節奏。

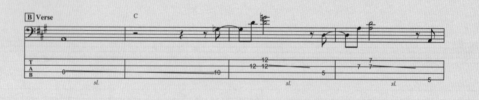

5. Bridge是長音和切分音的合奏，要注意節奏的精準。

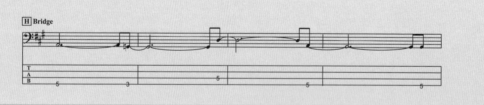

6. I 段Guitar solo切分音加上經過音的組合，要好好練習並了解其原則。

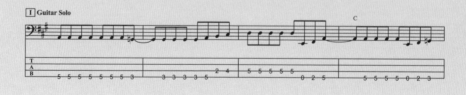

Nothing But a Good Time

by Poison

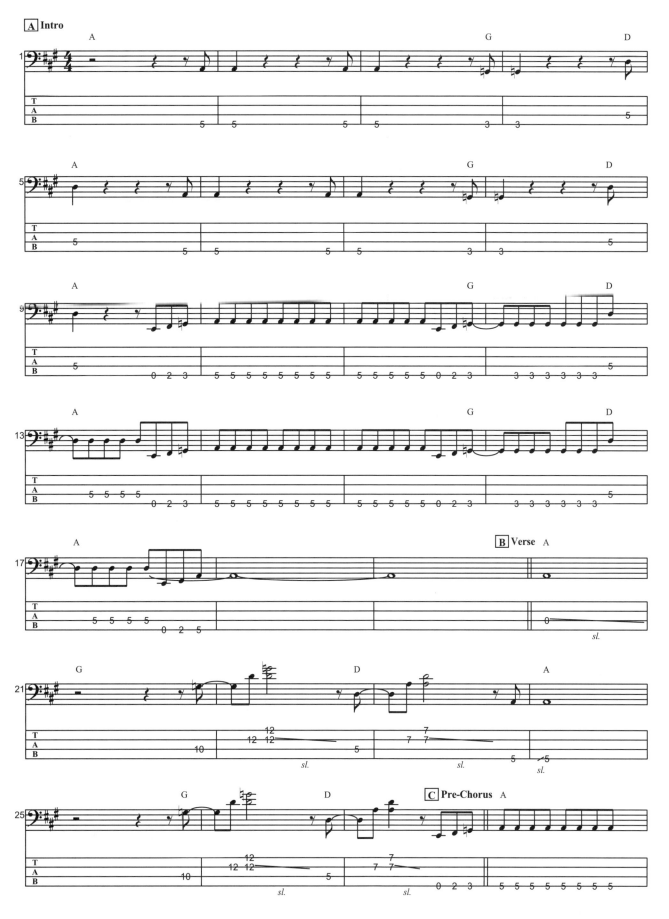

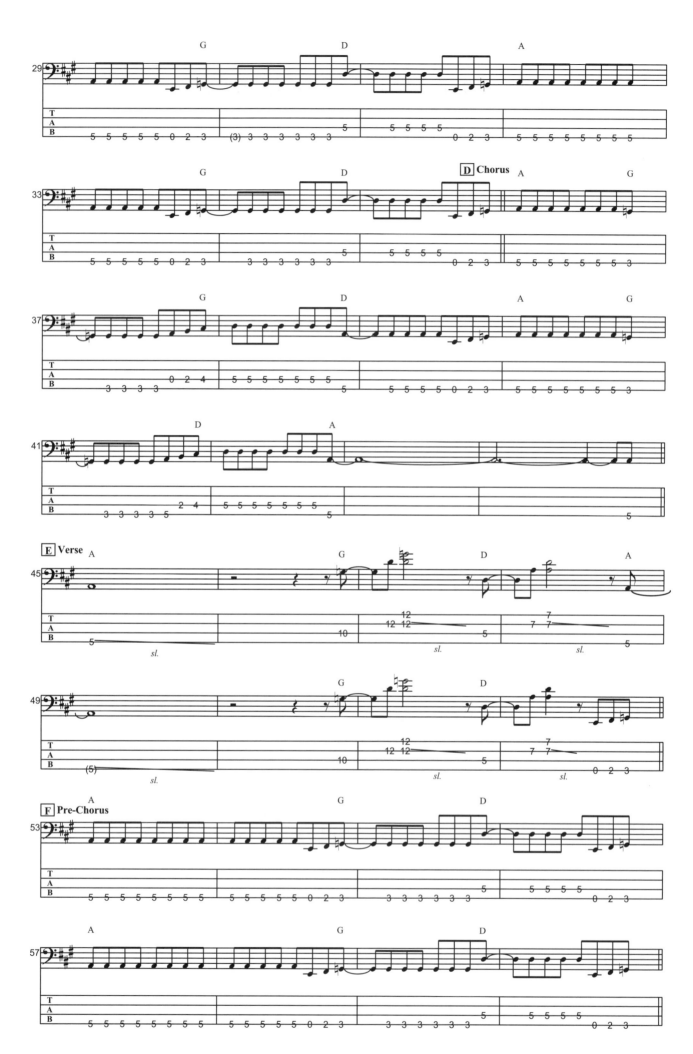

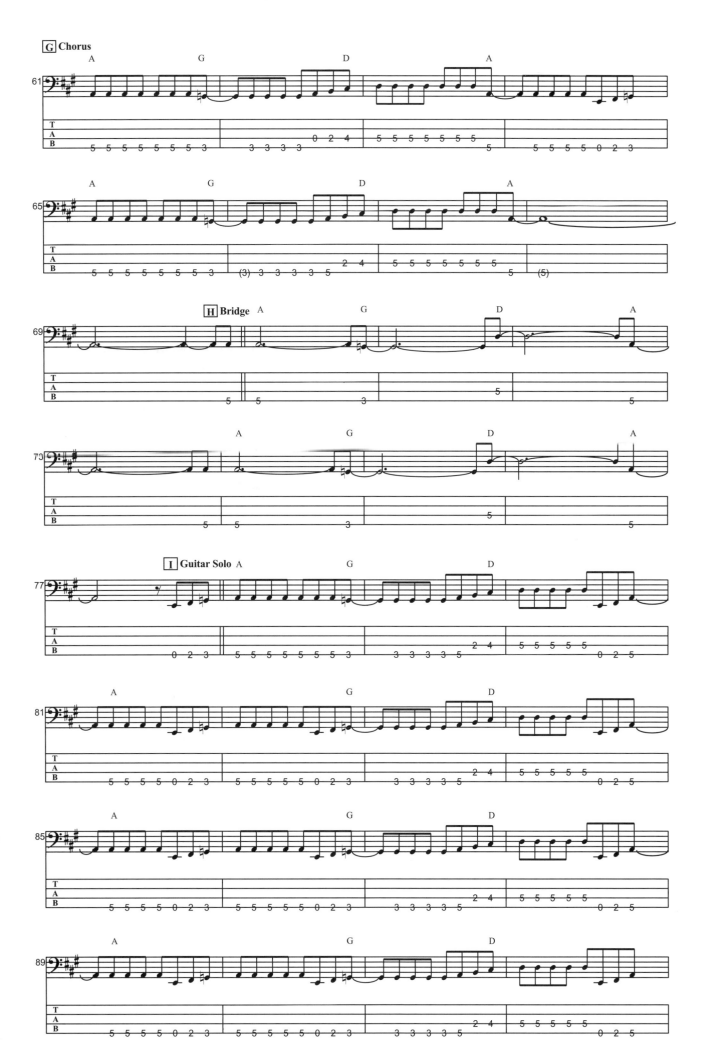

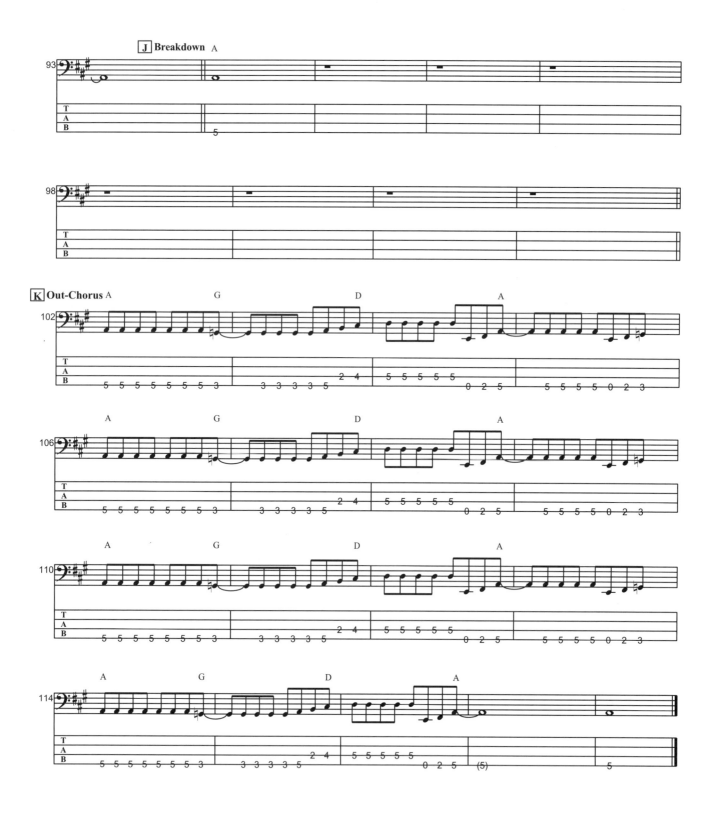

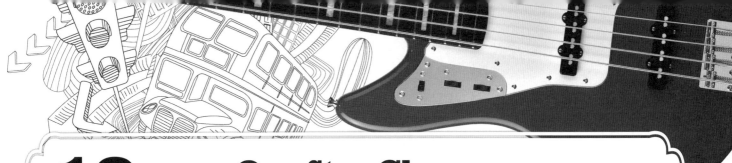

18

One Step Closer

by Linkin Park

1. 本首曲子貝士音色Bass+2、Mid+1、High+1。

2. 本曲採用調弦法，將G、D、A、E 變成G♭、D♭、A♭、D♭。

3. 由於調弦的關係，需要重新習慣左手指型的改變，可以先做基本的音階練習再來彈奏。

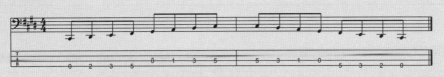

4. Verse的Bass line幾乎都和吉他是一樣的，注意休止符的停頓要與吉他整齊。

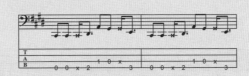

5. Chorus要主意十六分音符的悶音，要將節奏感強烈展現出來。

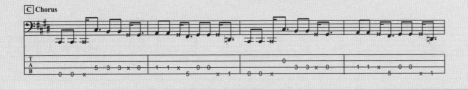

6. Bridge是本曲最困難的地方，請先跟節拍器放慢速度來練習，再慢慢加快到原曲速度。

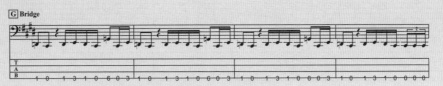

One Step Closer

by Linkin Park

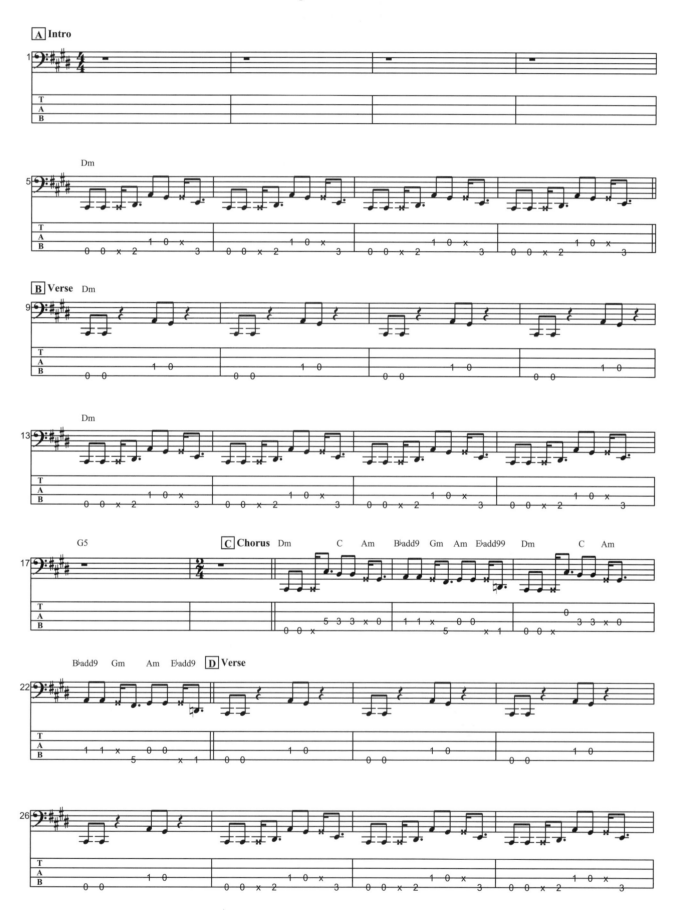

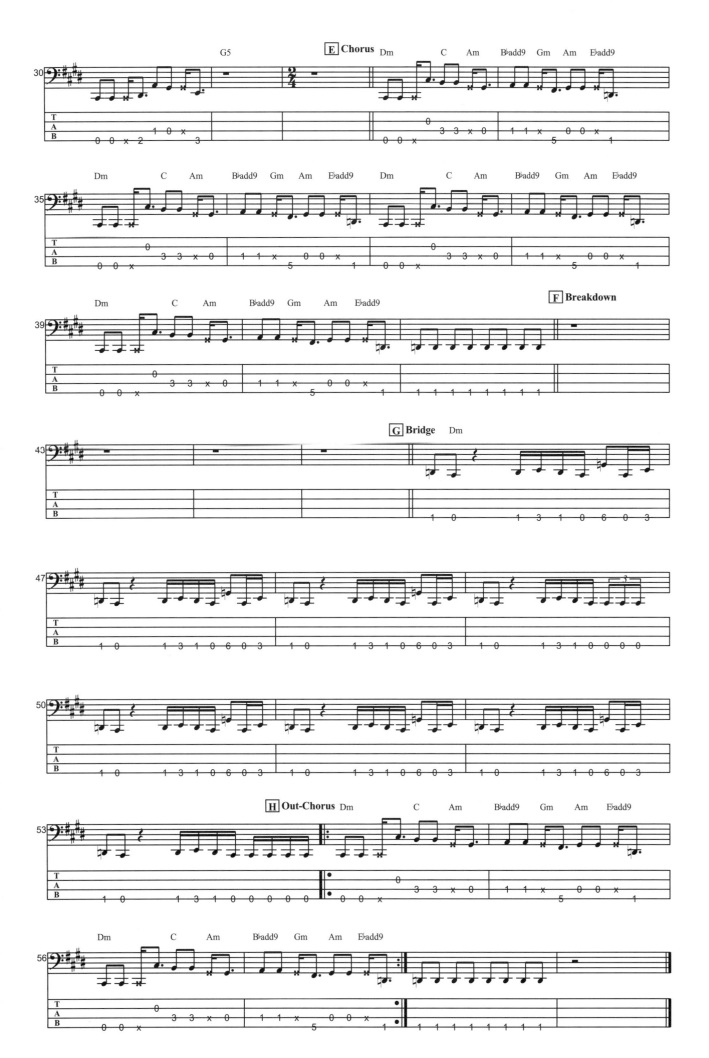

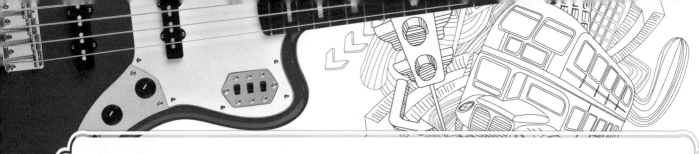

19 Open Your Heart
by Europe

1. 本首曲子貝士音色Bass+2、Mid+1、High+0。

2. 彈奏慢歌時要注意音符和音符之間要連貫，注意長音要彈滿完整的拍子。

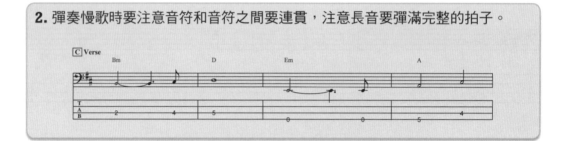

3. Chorus和Guitar solo的部分，節奏改變成Double time，注意要和吉他一起合奏。其中十六分音符和八分音符混合的句子，要將拍點清楚明確的彈出。

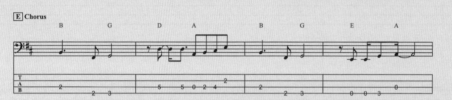

4. 關於十六分音符和八分音符混合練習。

Open Your Heart

by Europe

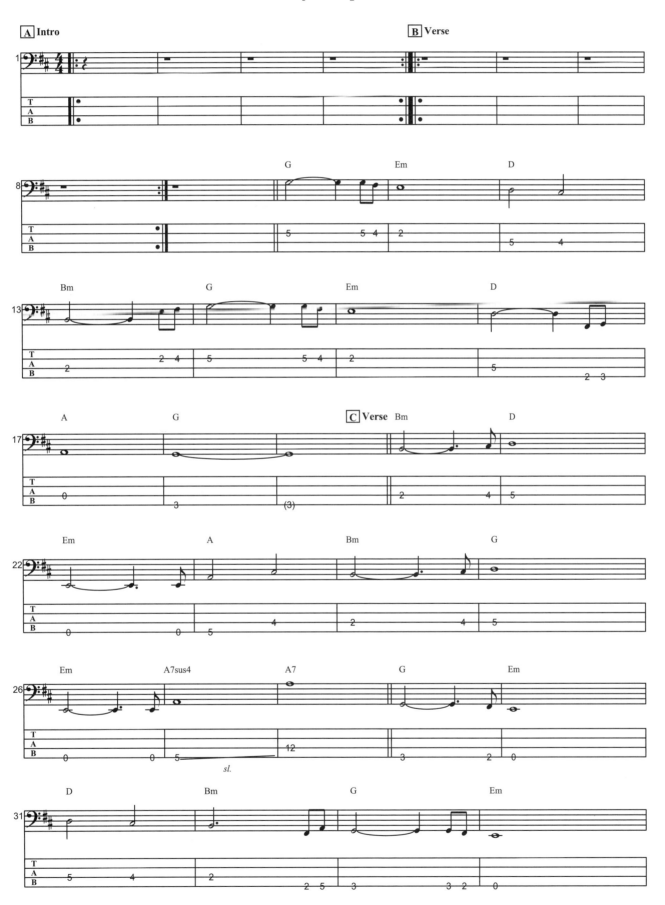

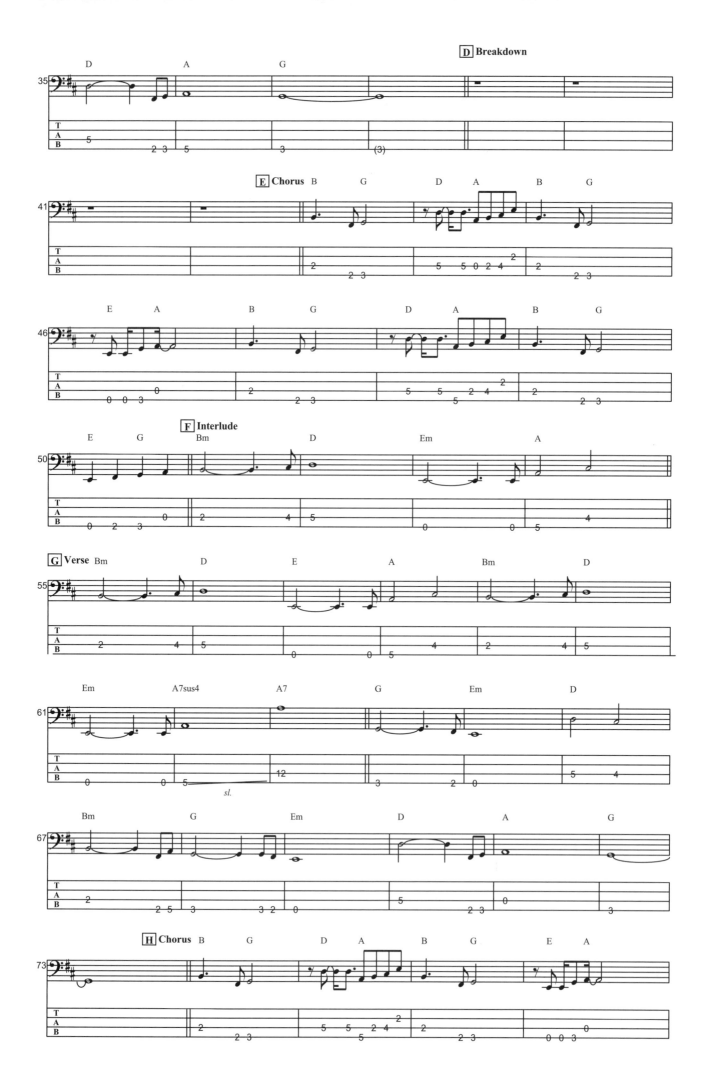

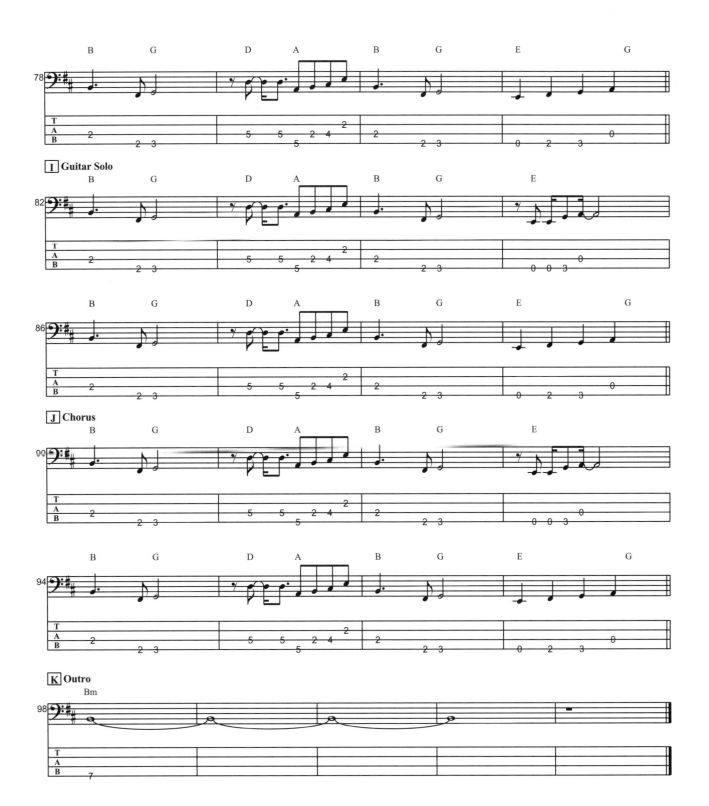

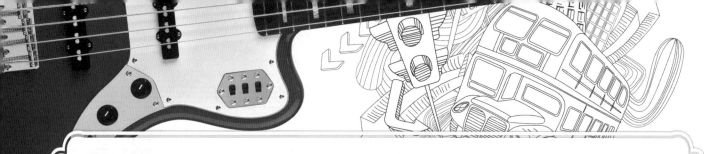

20

Purple Haze

by Jimi Hendrix

1. 本首曲子貝士音色Bass+0、Mid+2、High+1。

2. Intro是八度音的組合，需注意拍子平均和音色穩定。

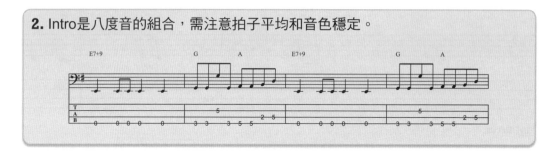

3. Verse混合了八度音和八分音符的樂句組合，注意左右手的搭配和樂句的流暢。

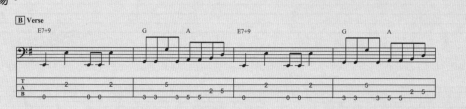

4. Bar.18~19是和吉他一起合奏的句子，需和吉他整齊的合擊。

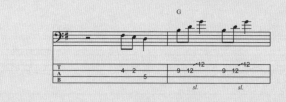

5. Guitar solo是八度音和八分音符的搭配並且加上滑音的運用，注意拍子的流暢和音色平均穩定。

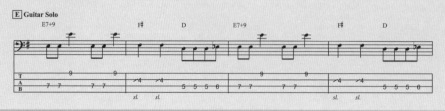

Purple Haze

by Jimi Hendrix

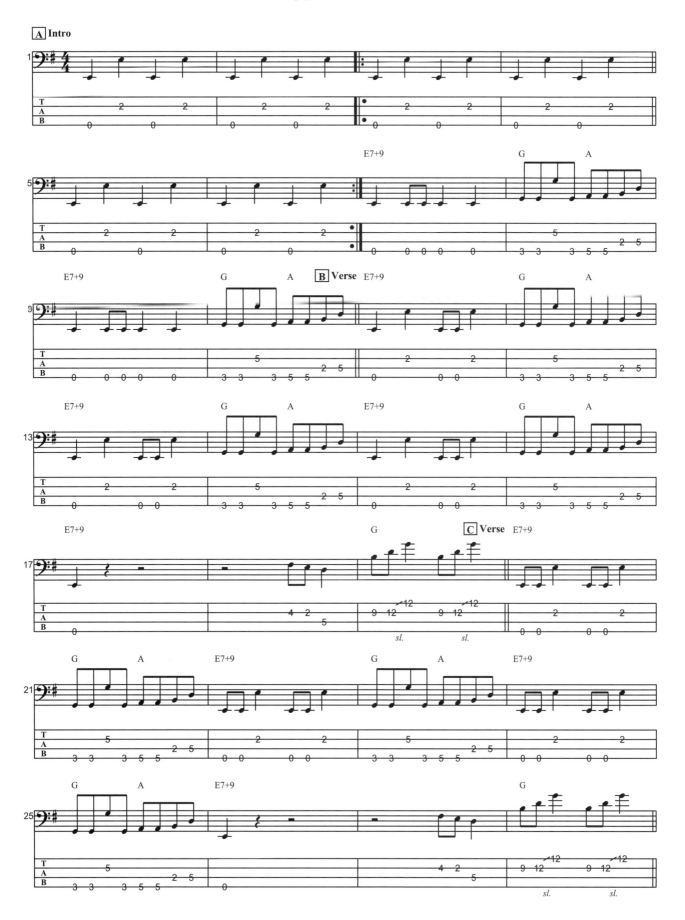

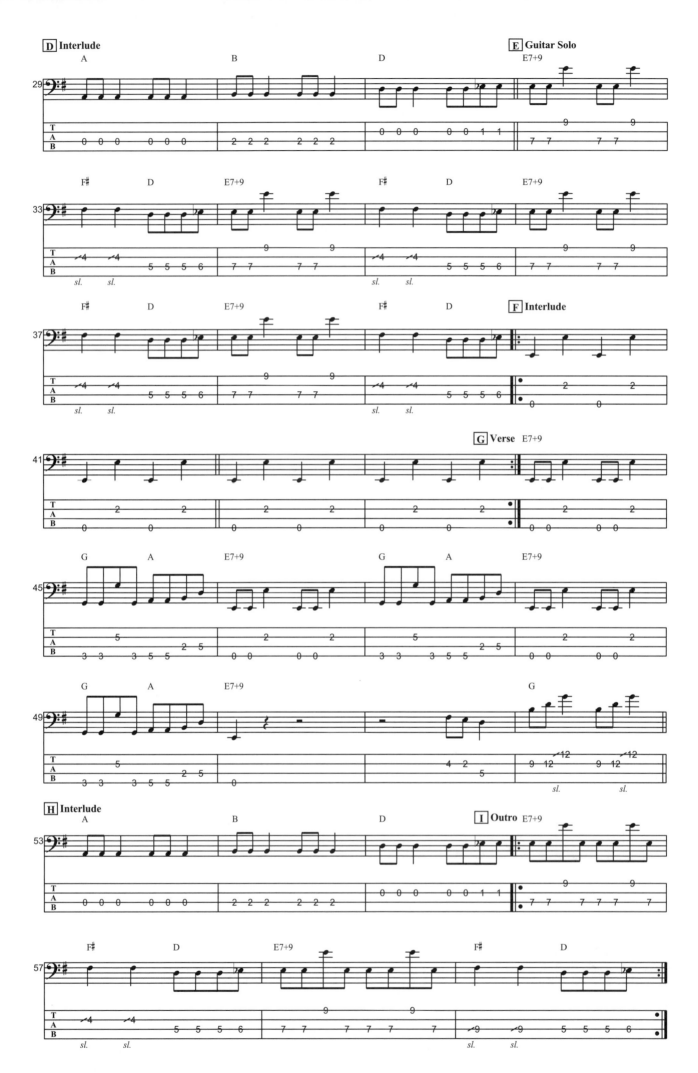

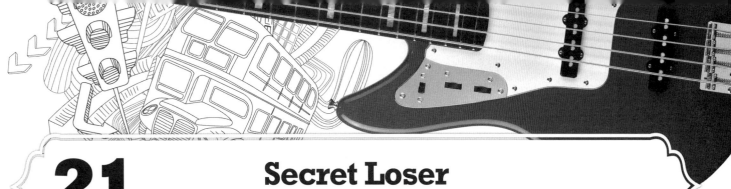

21

Secret Loser

by Ozzy Osbourne

1. 本首曲子貝士音色Bass+1、Mid+2、High+1。

2. Intro Bar.2~5是本曲最主要的樂句，注意八分音符和切分音的組合，可先將樂句唱熟再來練習會比較容易抓到音樂節奏的感覺。

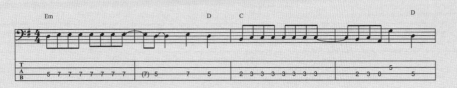

3. Verse是根音和八度音的彈奏，八分音符切分音的拍子落點要明確。

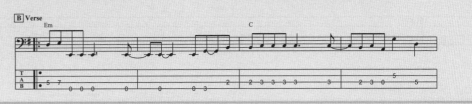

4. Bar.20~21及24~25是兩個小節的過門，可先將旋律唱熟再來彈奏。

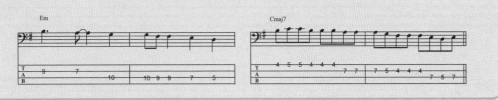

5. Bar.34~37巧妙的樂句編排，注意切分音的位置。

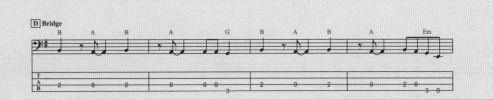

6. Guitar solo Bar.59~61有一段精采的Bass line，注意前後音符與節奏的連貫可以很自然流暢。

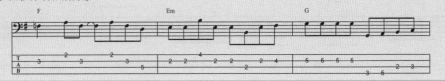

Secret Loser

by Ozzy Osbourne

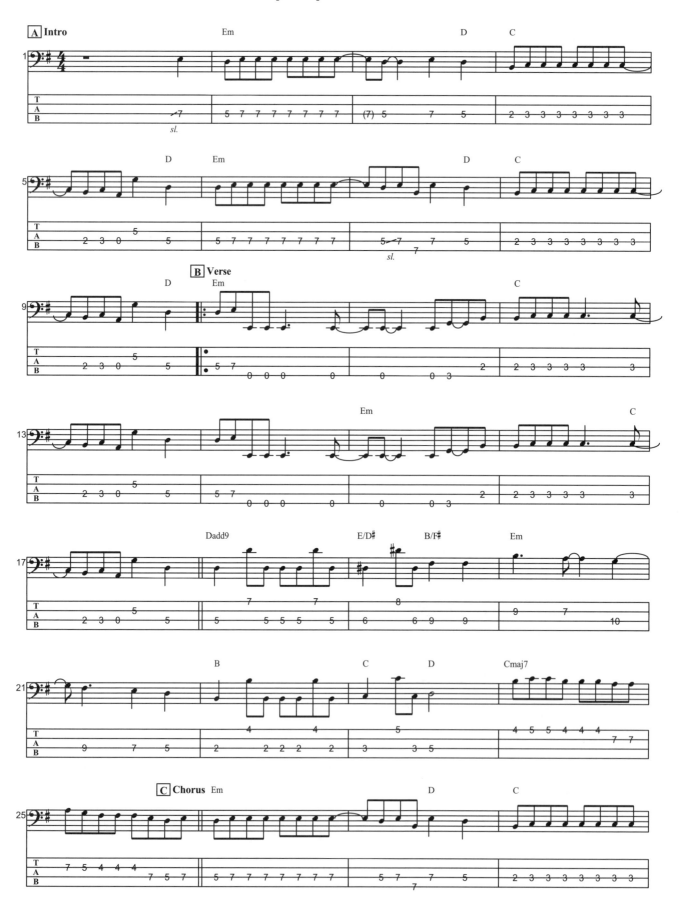

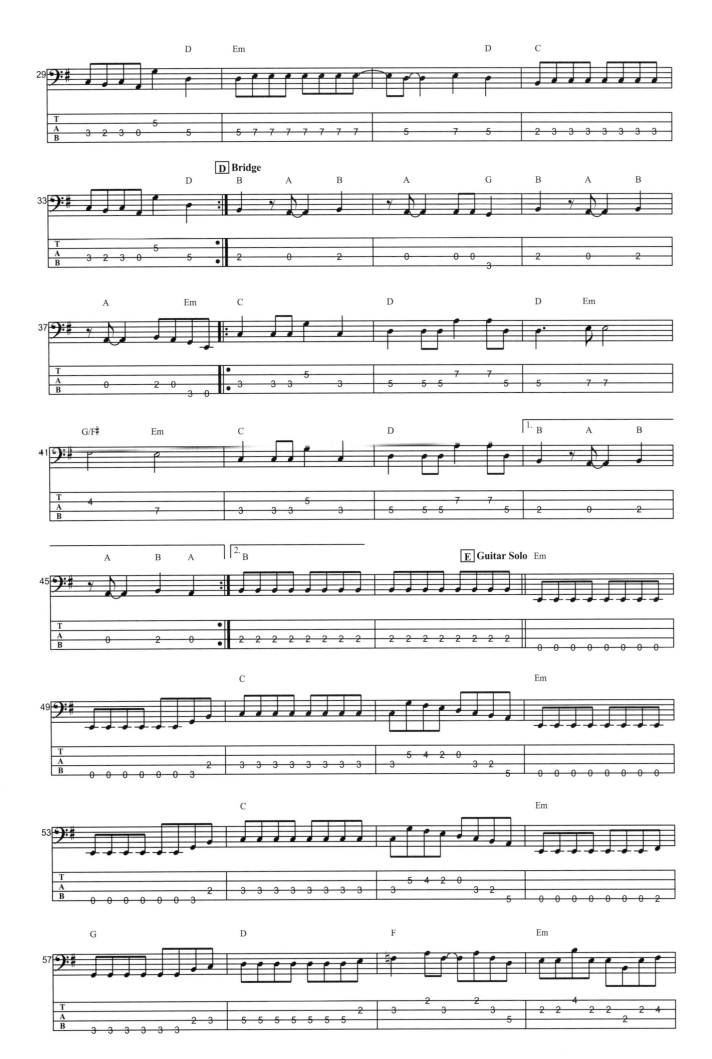

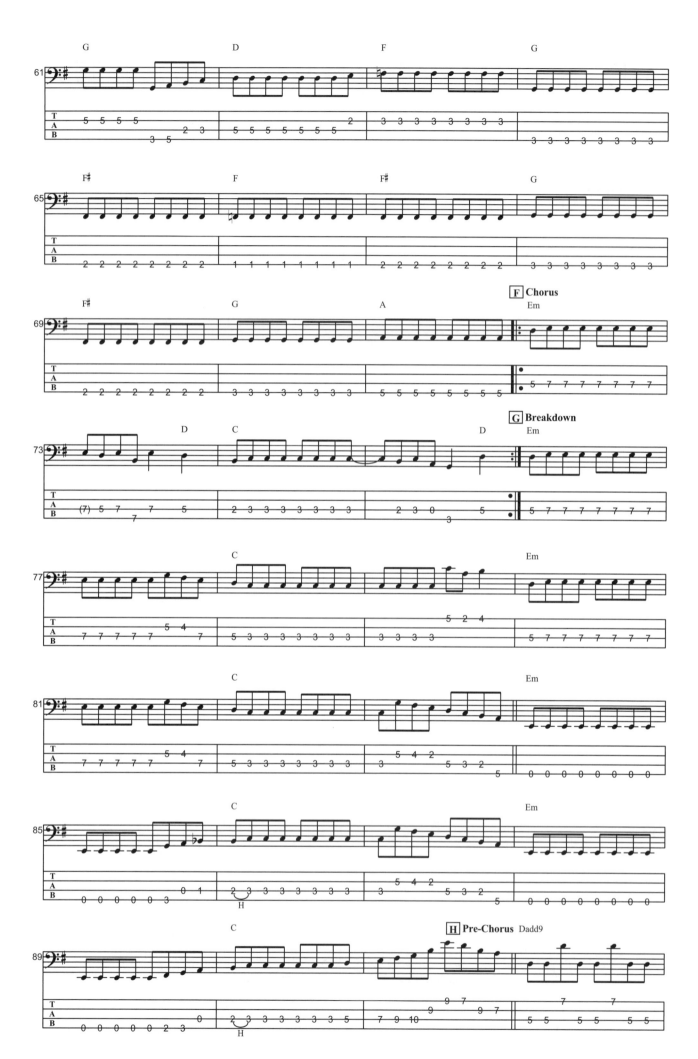

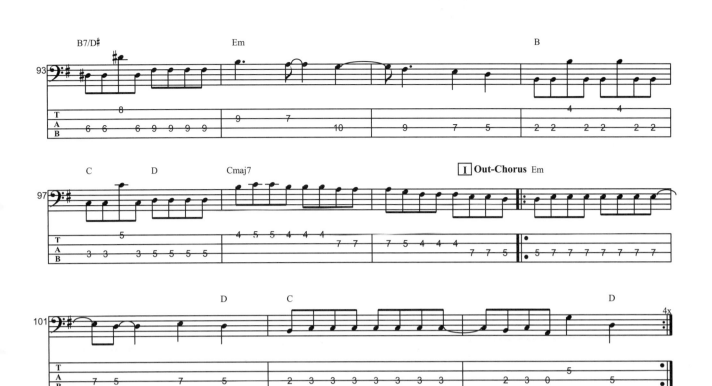

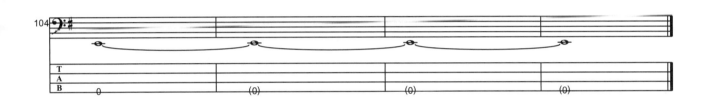

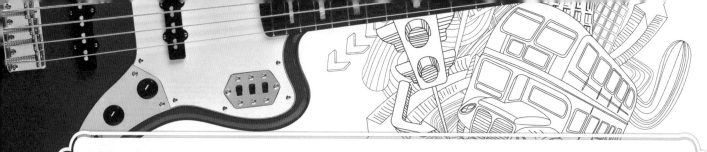

22 Smoke On The Water

by Deep Purple

1. 本首曲子貝士音色Bass+1、Mid+1、High+1。

2. Intro要注意八分音符的拍子和音色平均,並在搶拍的位置和吉他一起合奏。

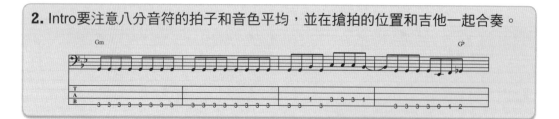

3. Verse為根音和五度音的搭配,並且每次經過音不相同但仍以五聲音階為主, 若為初學者可以先以前四小節的內容來完成主歌部分即可。

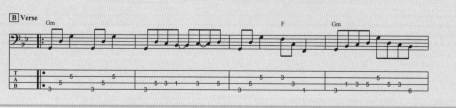

4. Chorus注意是和吉他的合奏,要可以聽見吉他並且整齊彈奏。

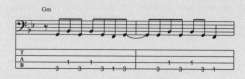

5. Guitar solo的Bass是本曲最困難的部分,是以五聲音階為主的Walking Bass, 初學者亦可取前四小節來完成Guitar solo的部分。

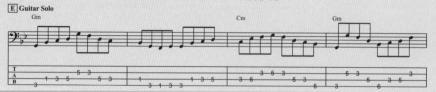

6. Outro Bar.101~104為根音和八度音的八分音符的串連,要注意右手的靈活度, 可以先單獨練習右手跨弦的基本動作。

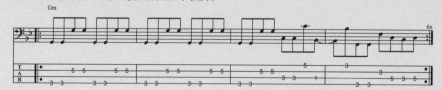

Smoke On The Water

by Deep Purple

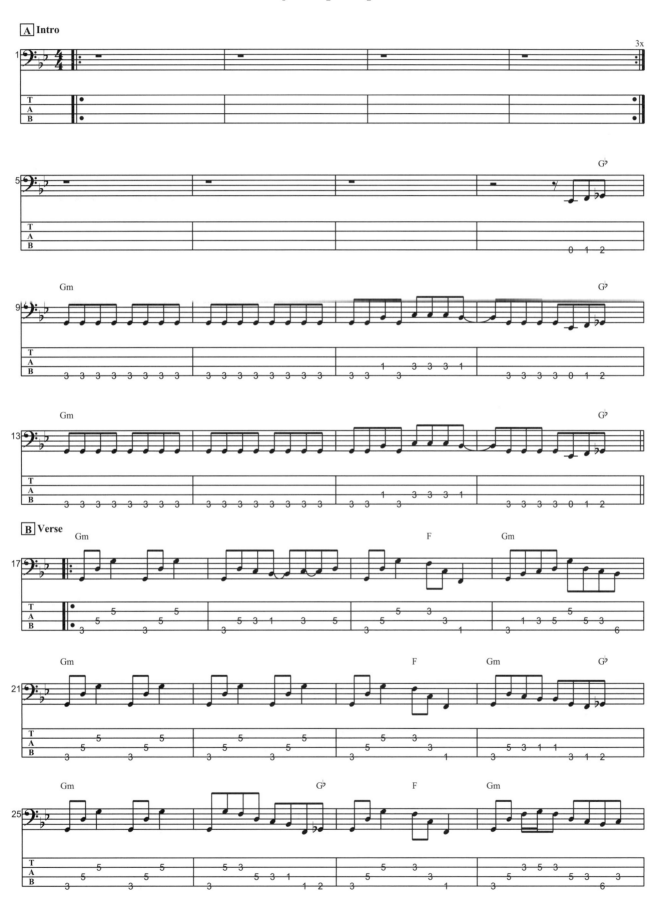

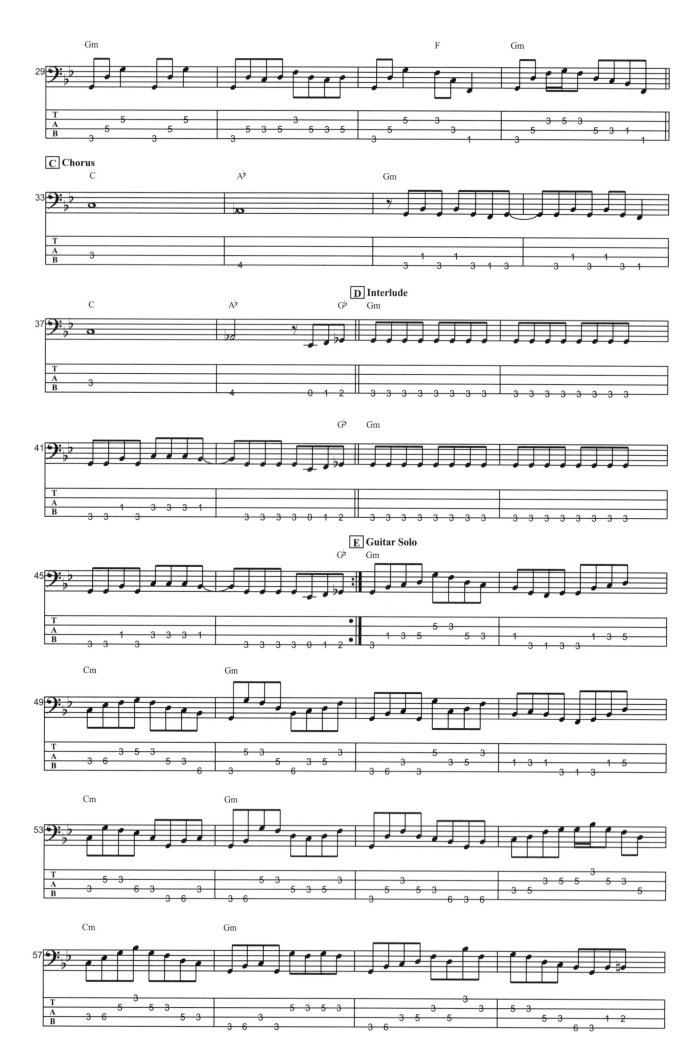

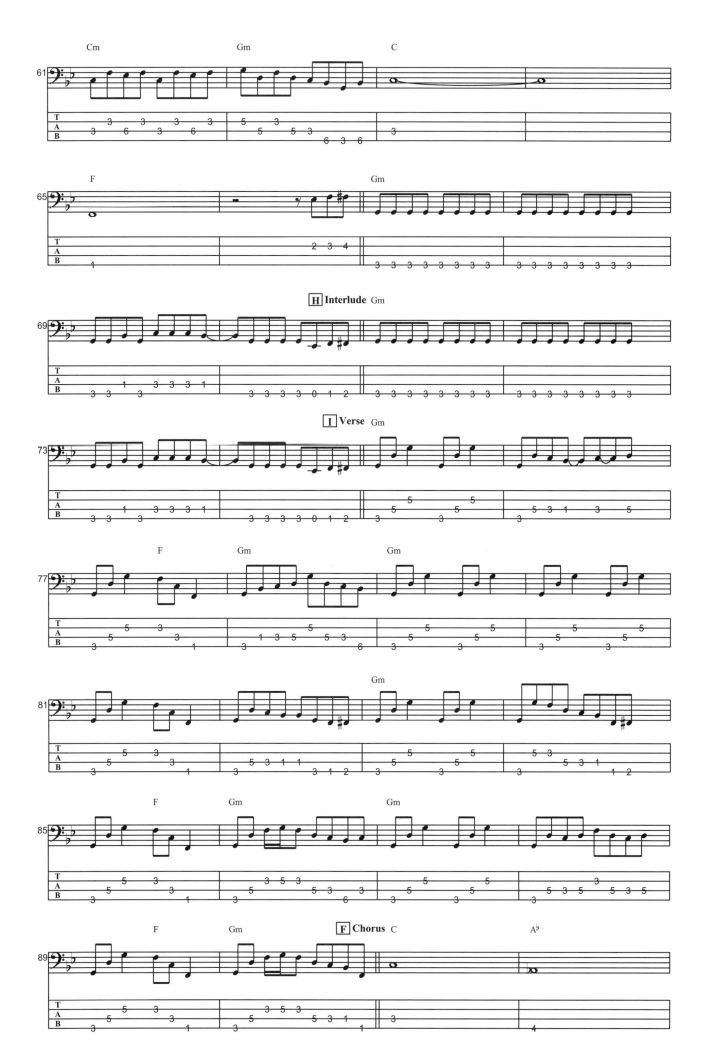

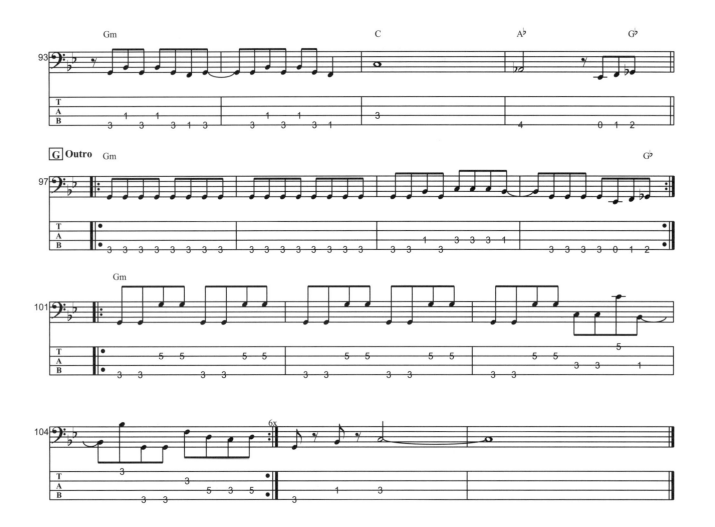

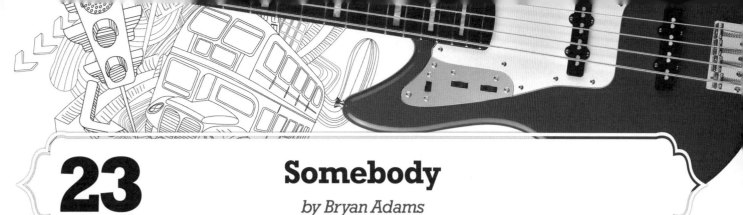

23

Somebody

by Bryan Adams

1. 本首曲子貝士音色Bass+0、Mid+1、High+0。

2. Intro和Verse十六分音符的節奏和右手力度的平均平均是本曲的重點。

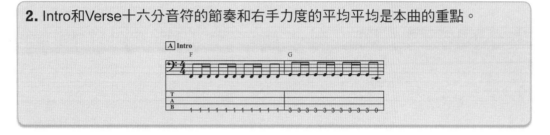

3. Chorus變成八分音符的節奏感要和主歌有清楚的段落區別。

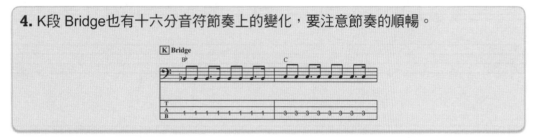

4. K段 Bridge也有十六分音符節奏上的變化，要注意節奏的順暢。

5. K段 Bridge最後兩小節的樂句要特別注意，先單獨練習好再連結前面整段。

6. Outro每四小節最後都有兩拍的過門可以自由發揮。

Somebody

by Bryan Adams

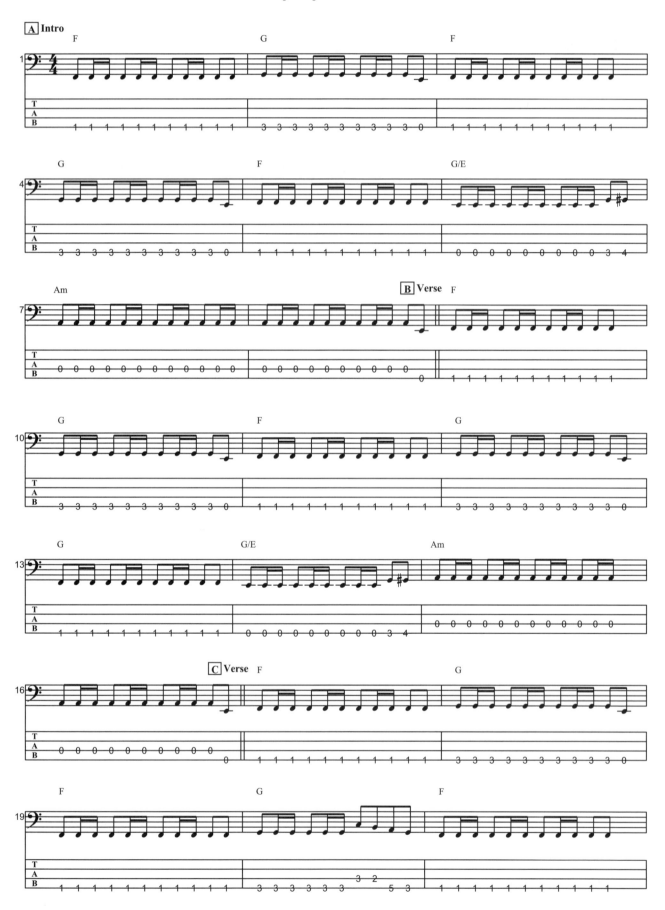

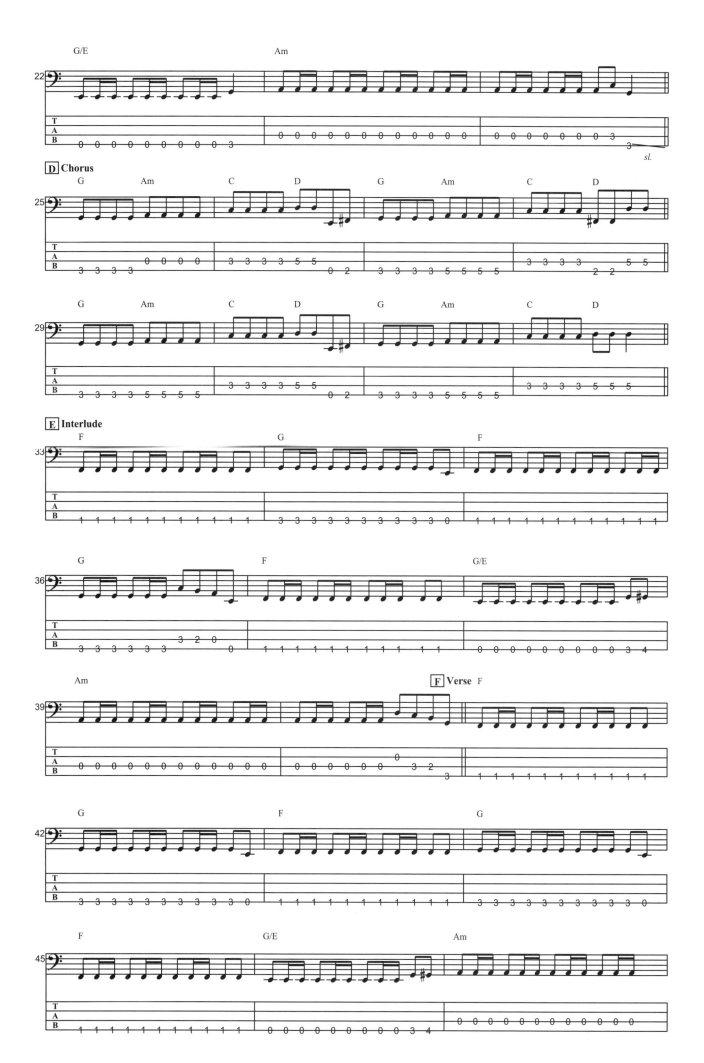

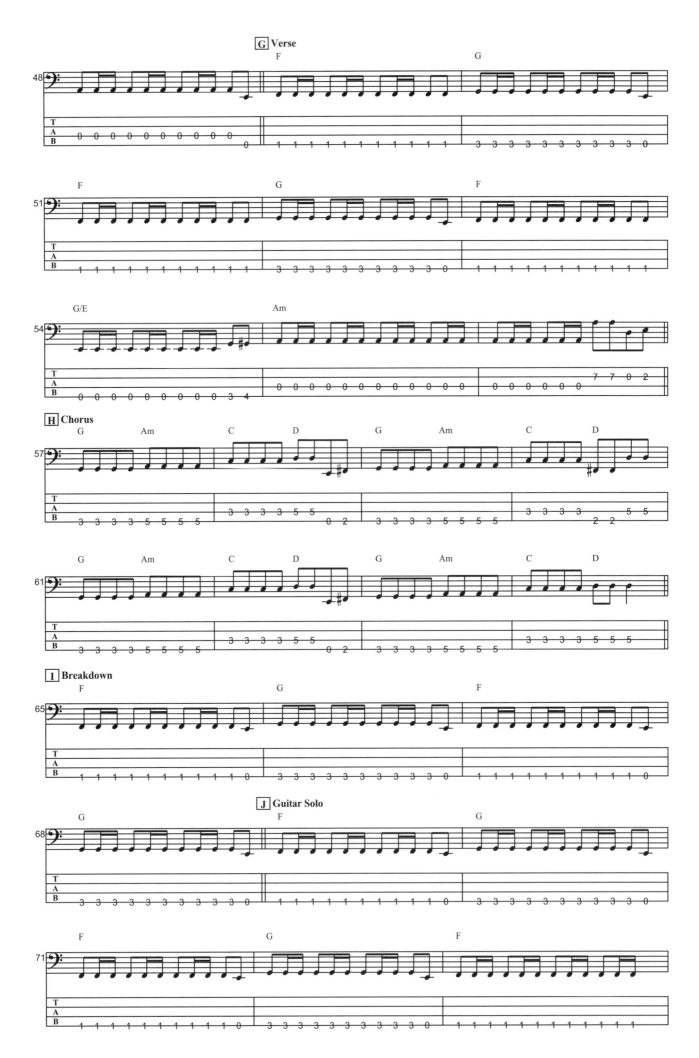

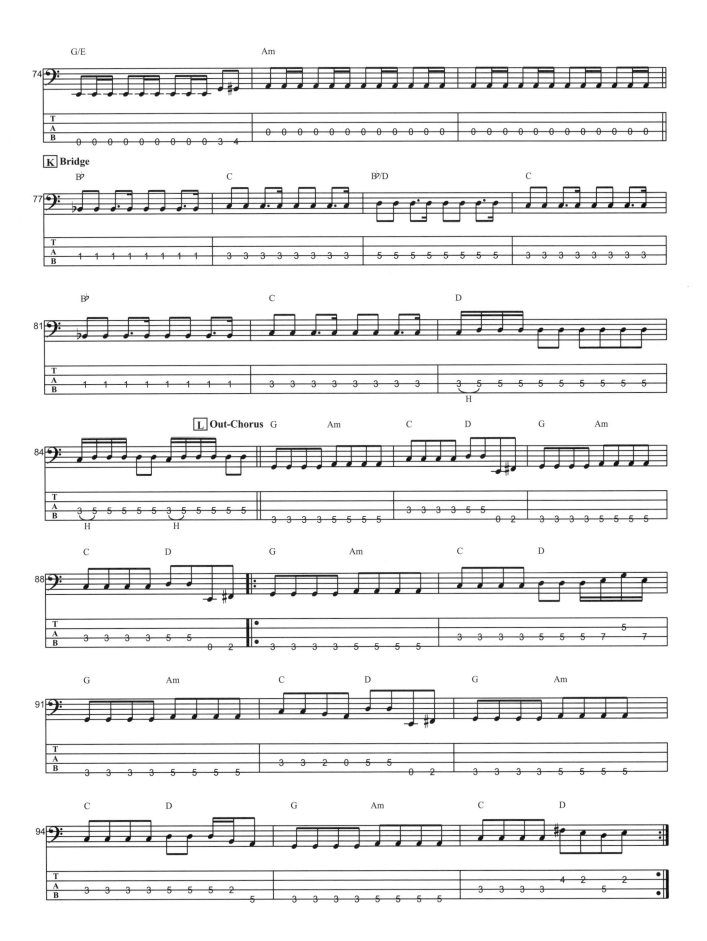

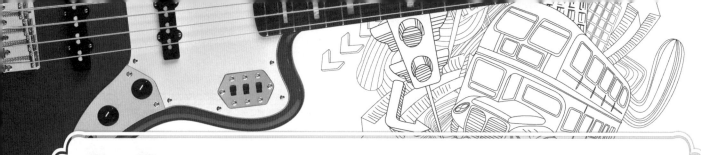

24

Stairway To Heaven

by Led Zeppelin

1. 本首曲子貝士音色Bass+1、Mid+1、High+1。

2. 貝士進來的時間點要算好小節數，才不會錯過。

3. 在F段Verse後面四小節是很複雜的節奏和樂句，要小心處理。

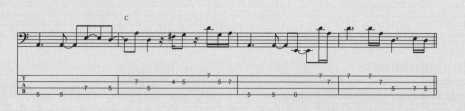

4. H段Bridge的拍子變化很多，可以先處理前四小節再連結後面。

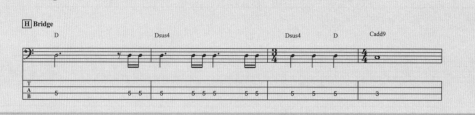

5. I 段Guitar solo的bassline，是十六分音符加上經過音的變化。

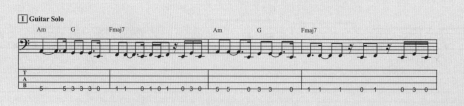

6. J 段chorus有很多複雜的過門，要小心處理。

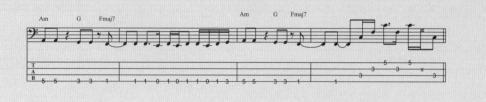

7. 本曲的節奏和經過音的使用都非常豐富，難度很高，慢慢將每段先完成是很重要的。

Stairway To Heaven

by Led Zeppelin

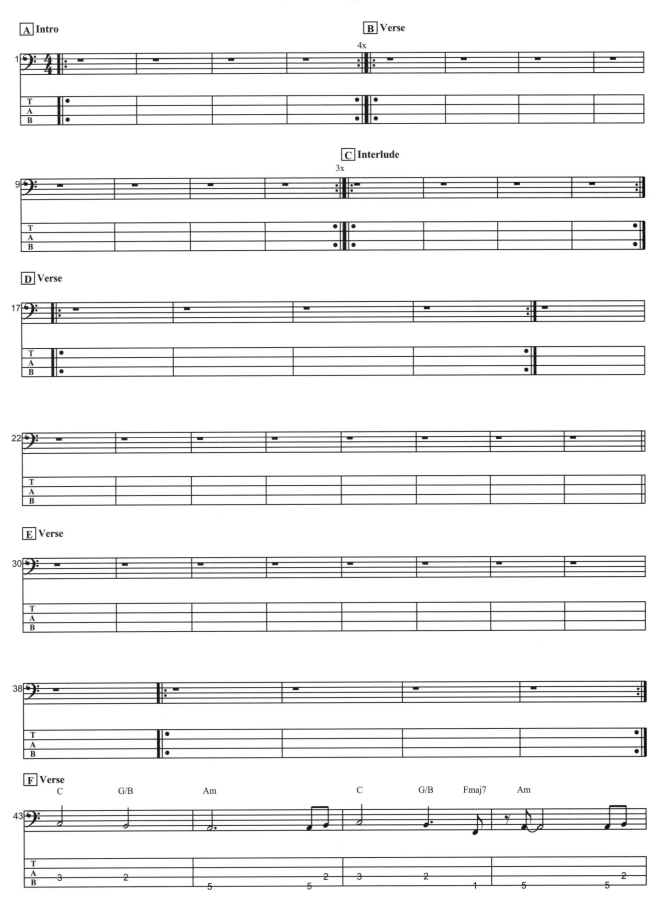

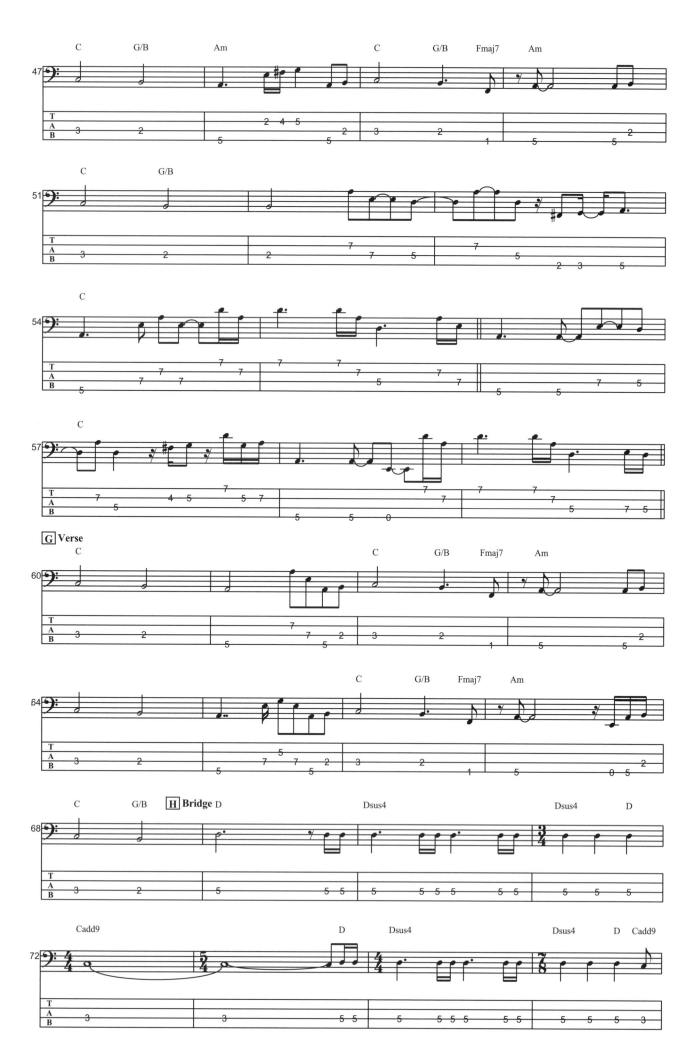

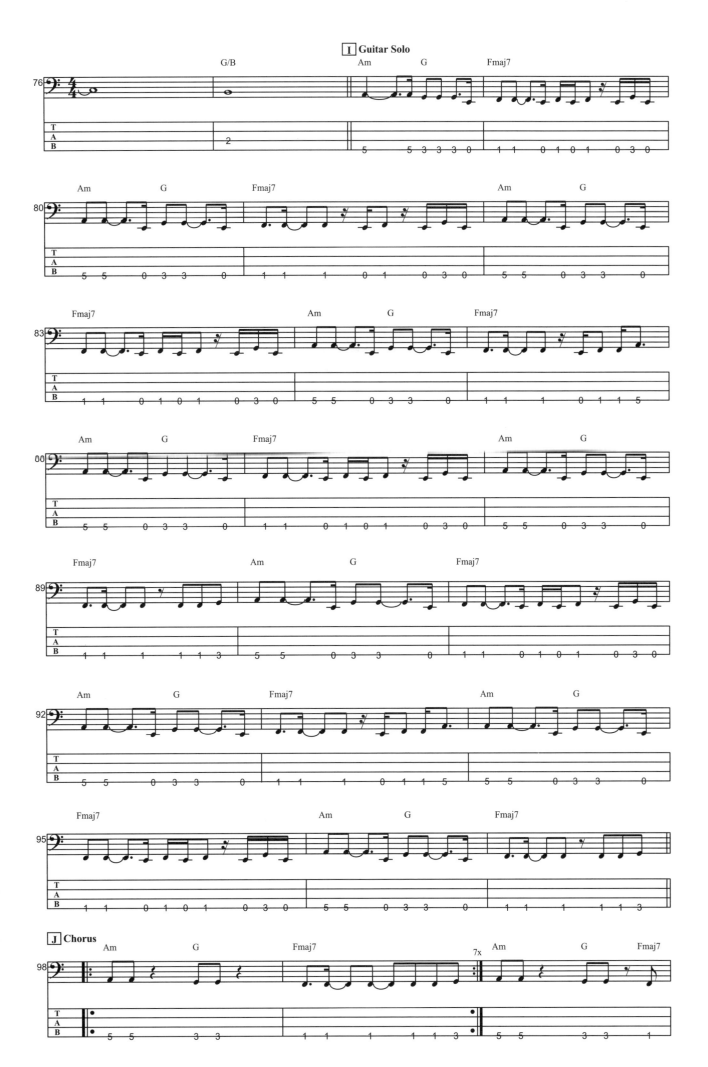

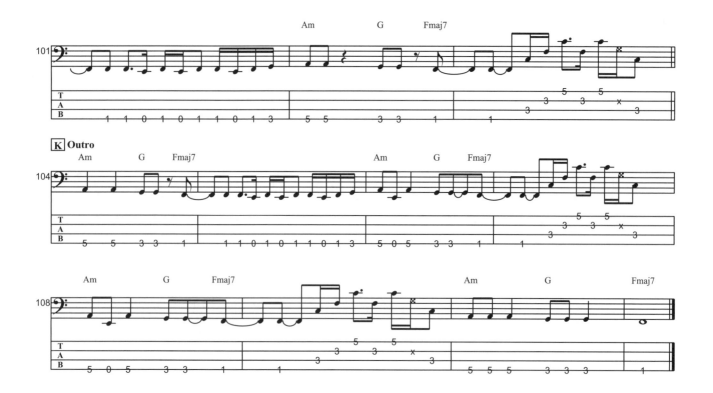

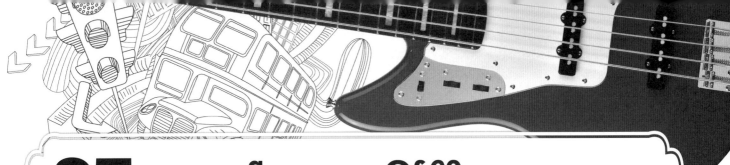

25

Summer Of 69

by Bryan Adams

1. 本首曲子貝士音色Bass+0、Mid+1、High+1。

2. 本曲貝士採用了調弦法,原本的G、D、A、E變成G、D、A、D。

3. 由於調弦的關係,需要重新習慣左手指型的改變,可以先做基本的音階練習再來彈奏。

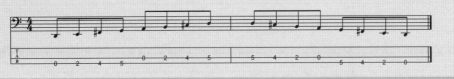

4. K段Bridge也有十六分音符節奏上的變化,要注意節奏的順暢。

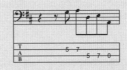

5. B段Prechorus要注意清楚將節奏彈出並加上經過音。

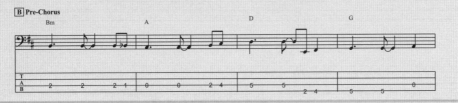

6. C段Interlude要注意八分音符的平均。

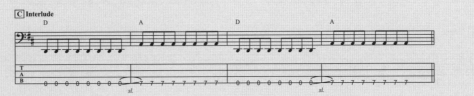

7. 在J段Outro每四小節的最後一小節都有過門,除了參考原曲外,可以大膽自由發揮。

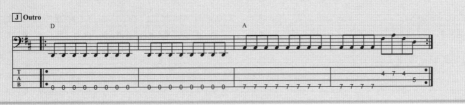

Summer Of 69

by Bryan Adams

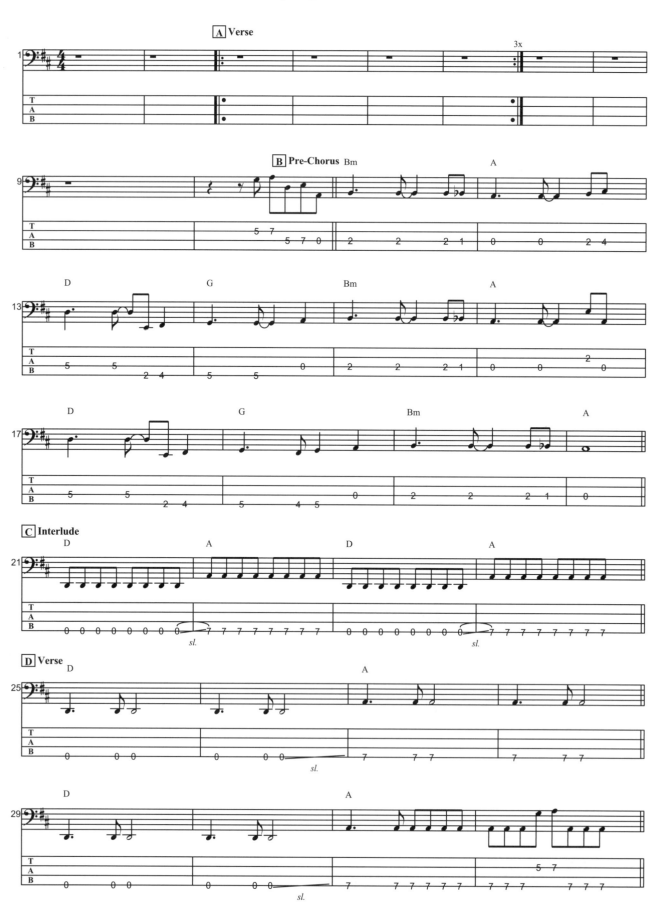

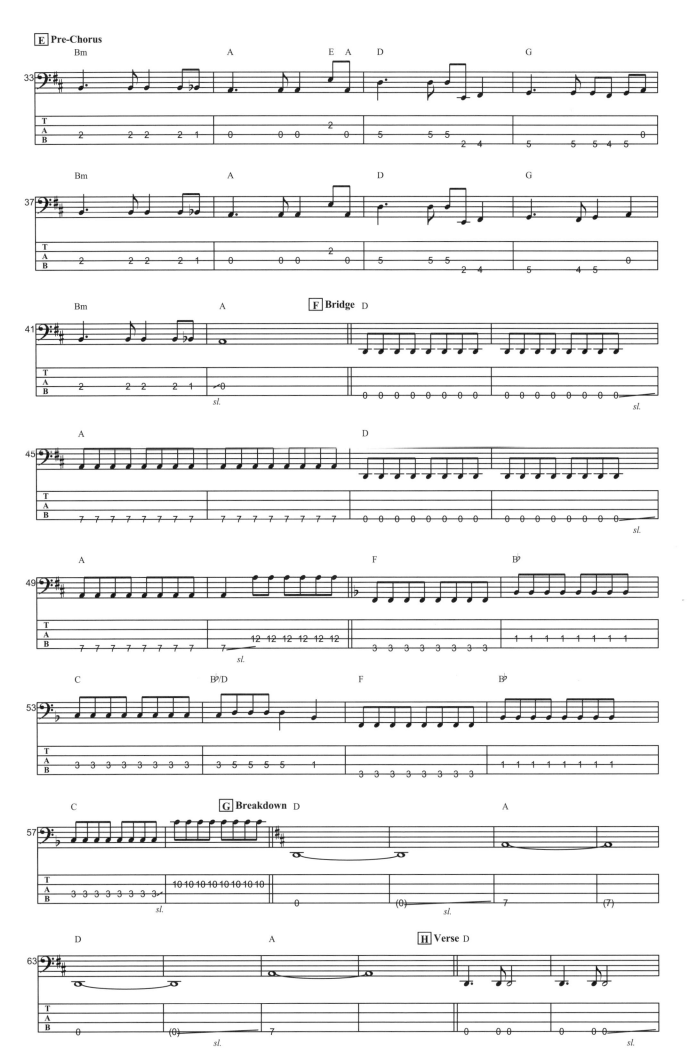

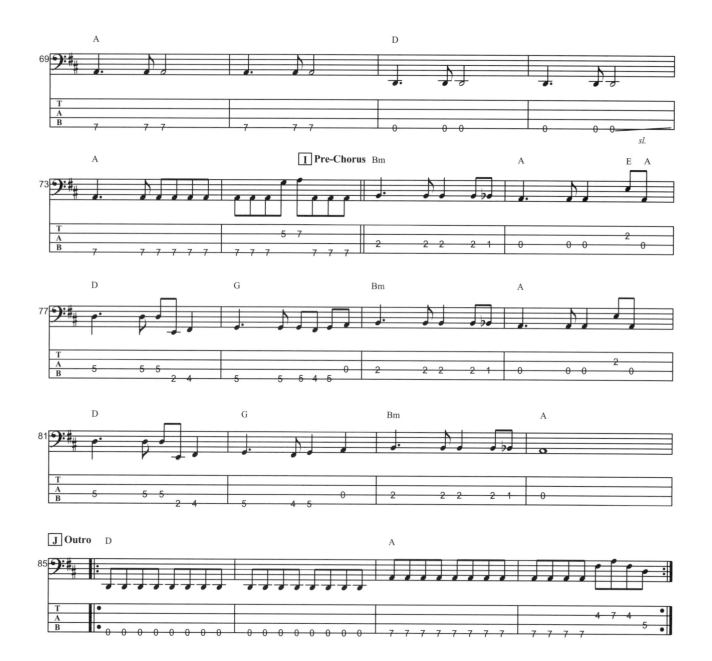

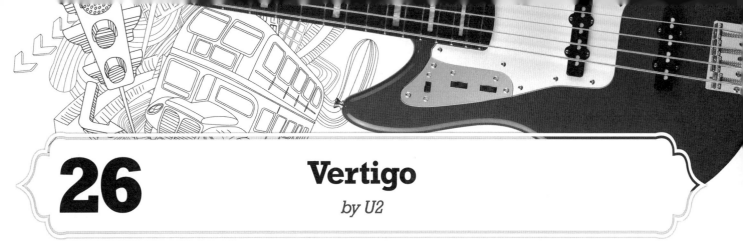

26

Vertigo

by U2

1. 本首曲子貝士音色Bass+1、Mid+2、High+2。

2. Verse的Bass line運用了搥音加上八分音符的切分音，要注意搥音時不要趕拍。

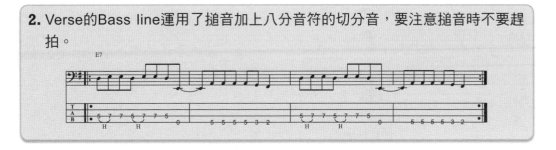

3. Chorus是八分音符搶拍和切分音的感覺，但本曲搶拍的音和上個和弦音是相同的，造成很獨特的Bass line，所以很容易會彈錯，需要注意。

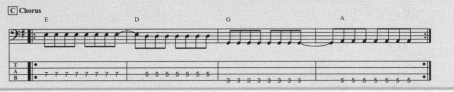

4. Interlude是以 3+3+3+3+2+2 八分音符為一組的節奏拆解，注意要將重拍表現出來，可以先單獨練兩個小節，再來完成。

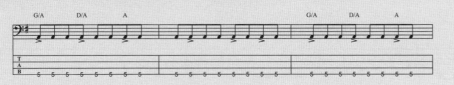

5. 搥勾音的基本練習。

（1）搥音：（H）

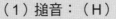

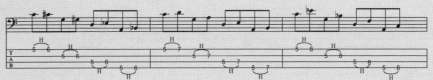

（2）搥勾音：（H+P）

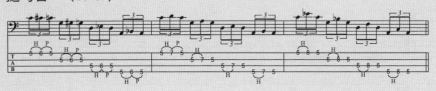

Vertigo

by U2

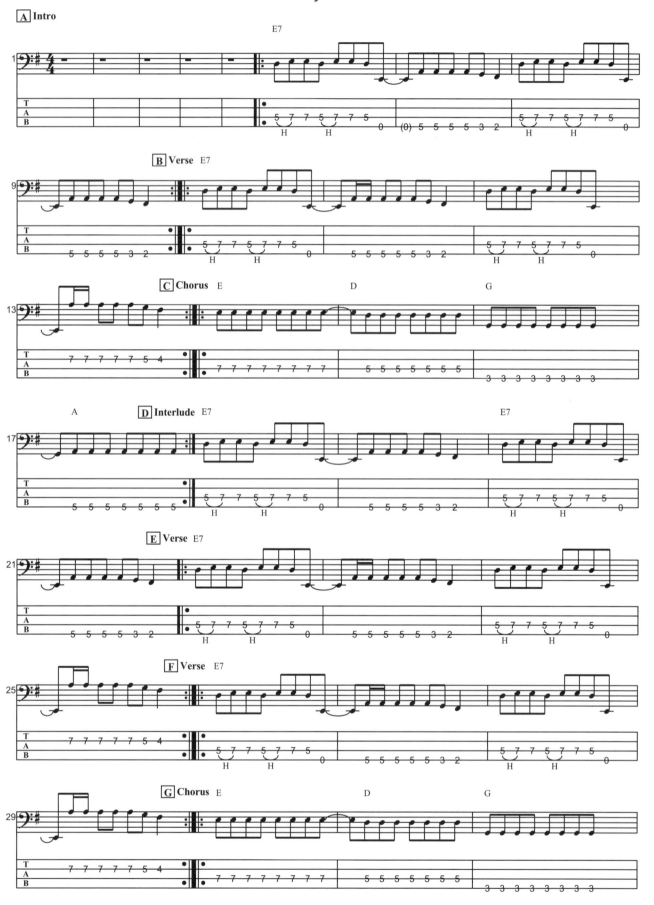

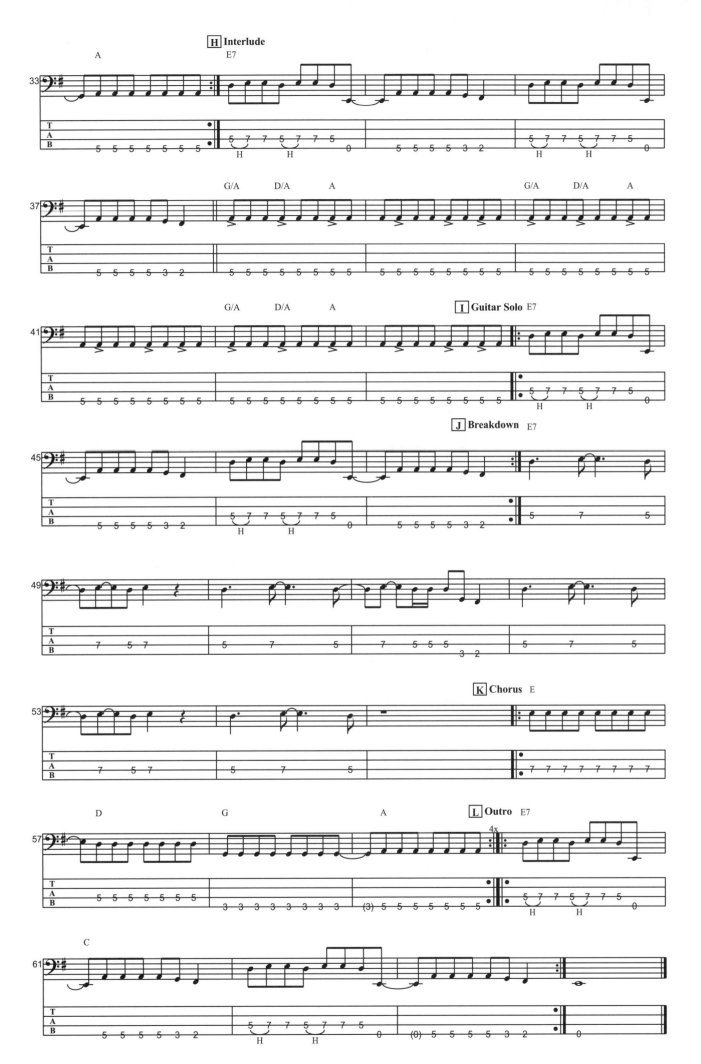

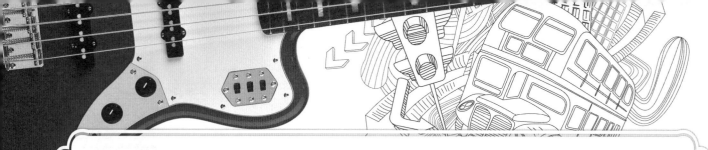

27 Walk This Way

by Aerosmith

1. 本首曲子貝士音色Bass+1、Mid+3、High+2。

2. Verse的Bass line非常困難，不僅要注意長短音運用的差別，十六分音符的切分音和悶音的搭配，如何將音符精準彈奏並且有呼吸(Groove)的節奏感是不太容易的，應將每個小節仔細琢磨，再慢慢完成。

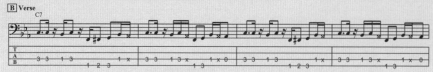

3. Interlude因為速度很快，所以要運用指尖使手指與弦的接觸面積小才有辦法彈快，但也因此會讓力道變弱，若要擁有相同的力度是要經過不停練習的。

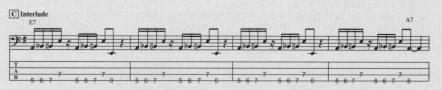

4. Chorus也是很困難的地方，不僅要注意十六分音符切分音的節奏，又要有很快的速度可以彈奏出過門，特別注意左手的指法，先放慢來練習。

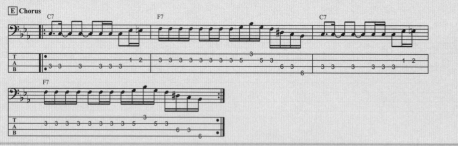

5. Guitar solo Bar.28有一個很漂亮的過門，運用滑音至高把位彈奏半音加上五聲音階的組合。

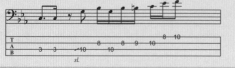

6. Outro的Bass line是高低音的組合，連續24小節要有耐力來完成。

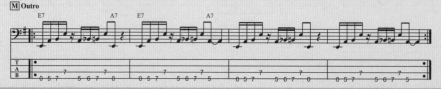

Walk This Way

by Aerosmith

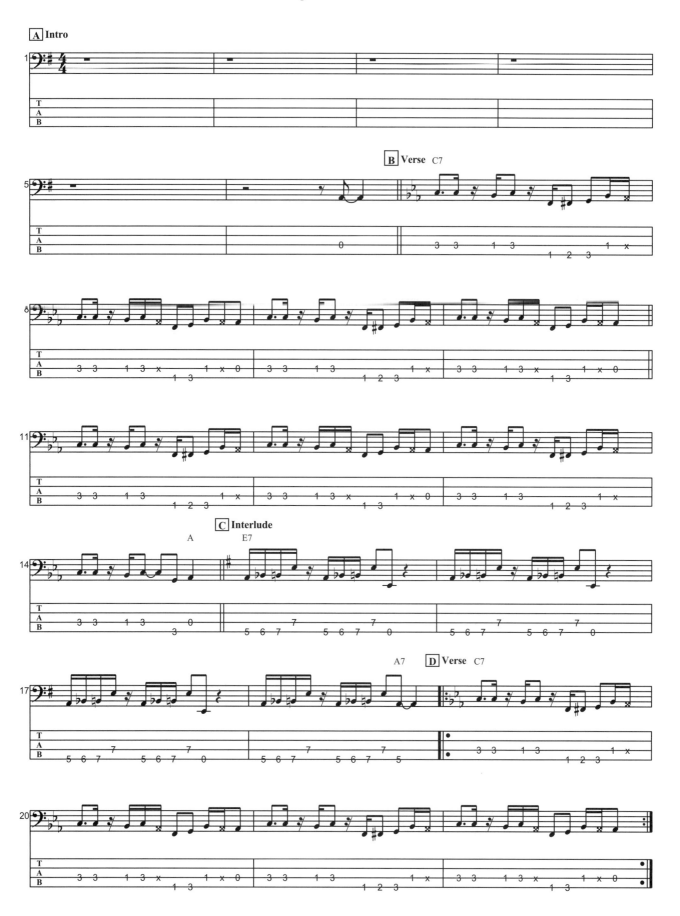

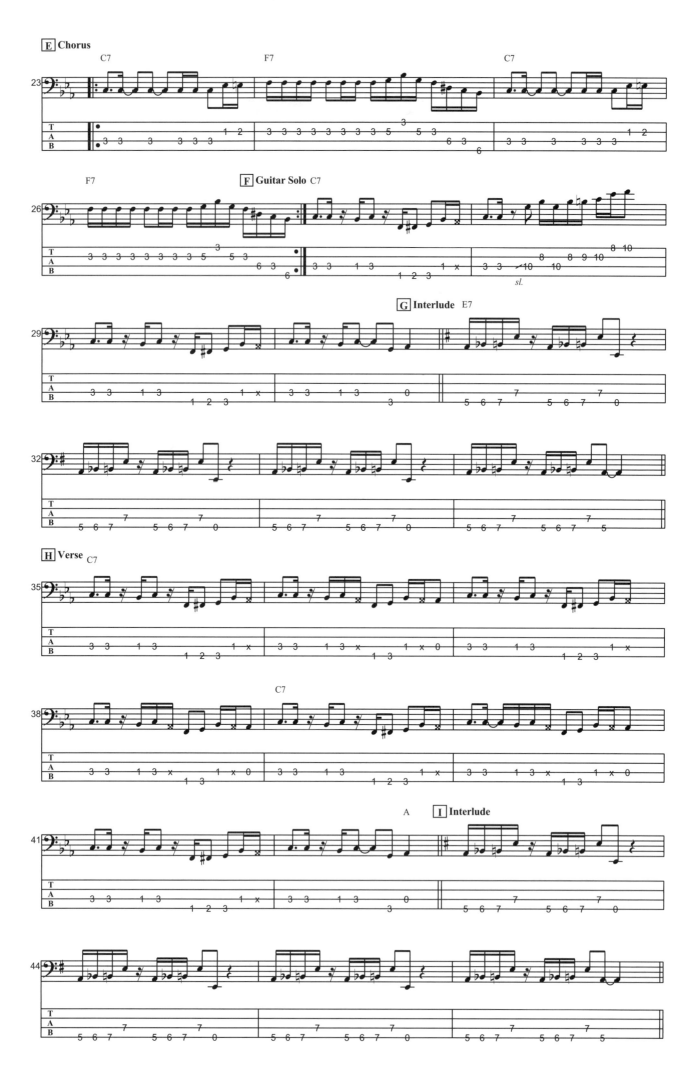

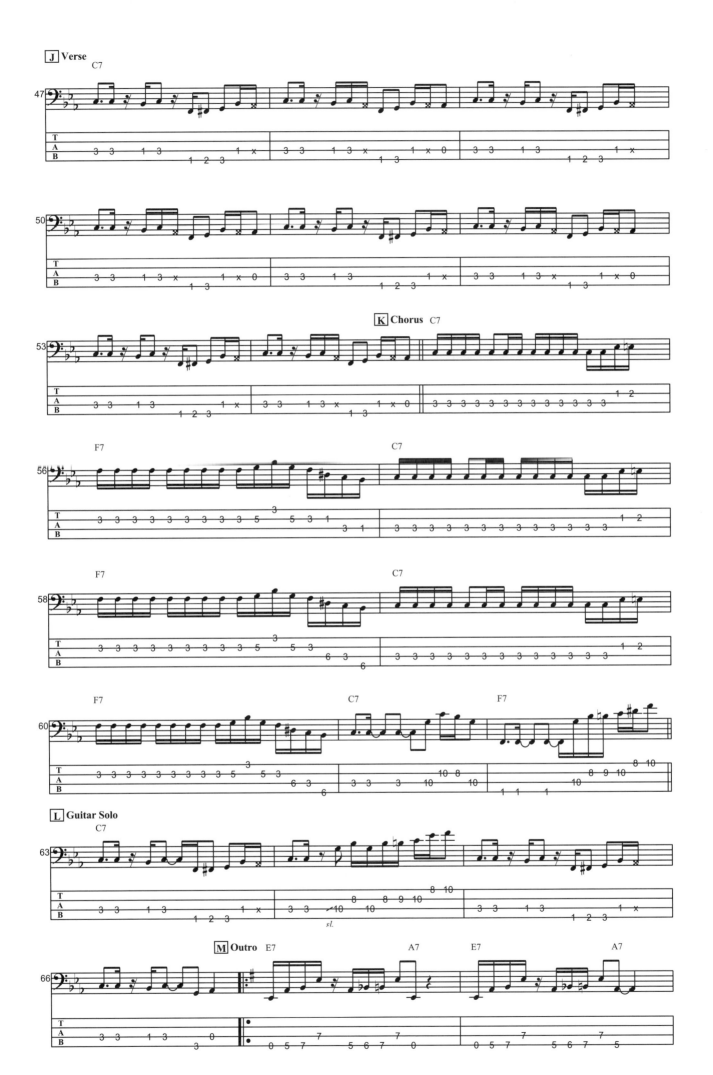

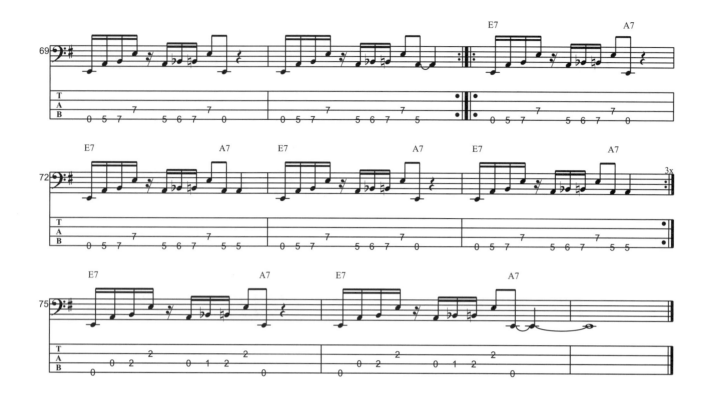

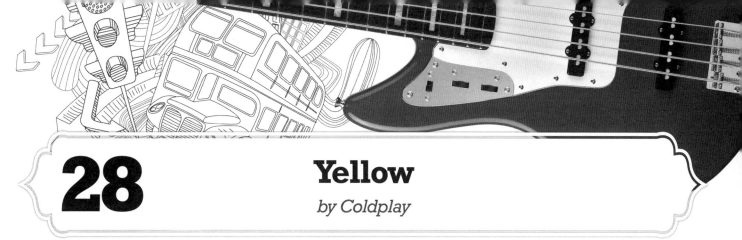

28

Yellow
by Coldplay

1. 本首曲子貝士音色Bass+1、Mid+1、High+0。

2. 除了Pre-chorus以外，都是八分音符的彈奏，但要注意八分音符節奏的平均以及右手撥弦力度的平均是非常重要的。

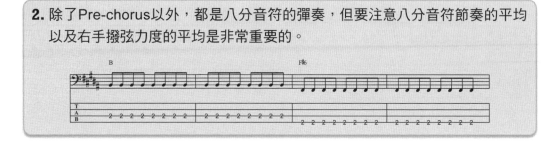

3. 歌曲的曲式進行並非一般八小節為段落，熟記主唱的旋律有助於更了解歌曲段落。

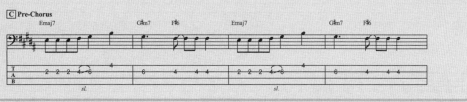

4. 八分音符的基本練習。

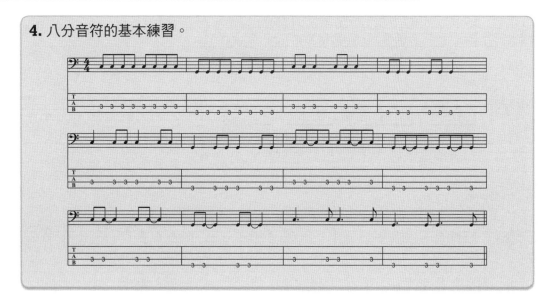

Yellow

by Coldplay

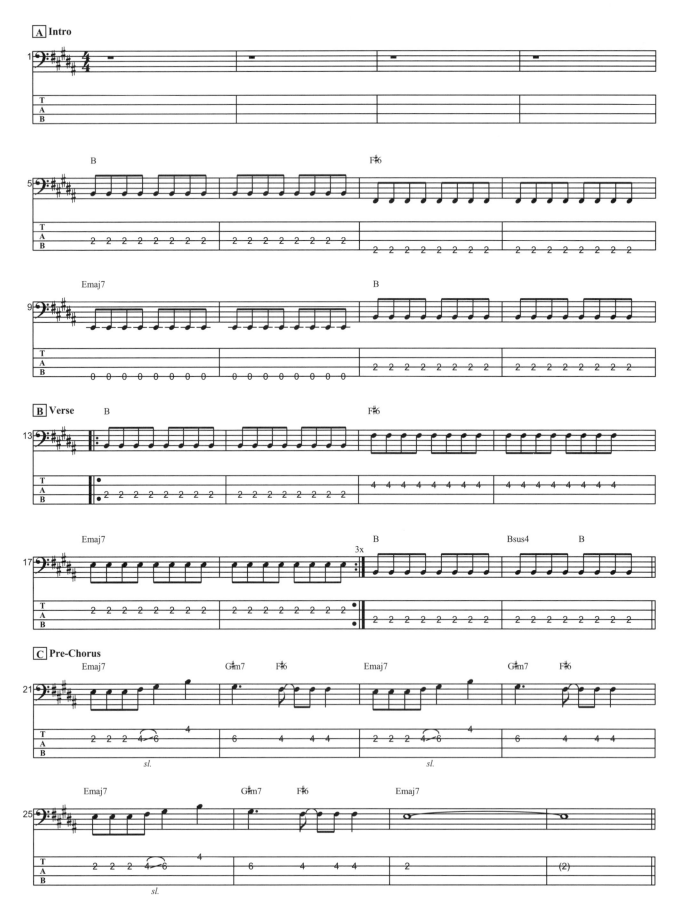

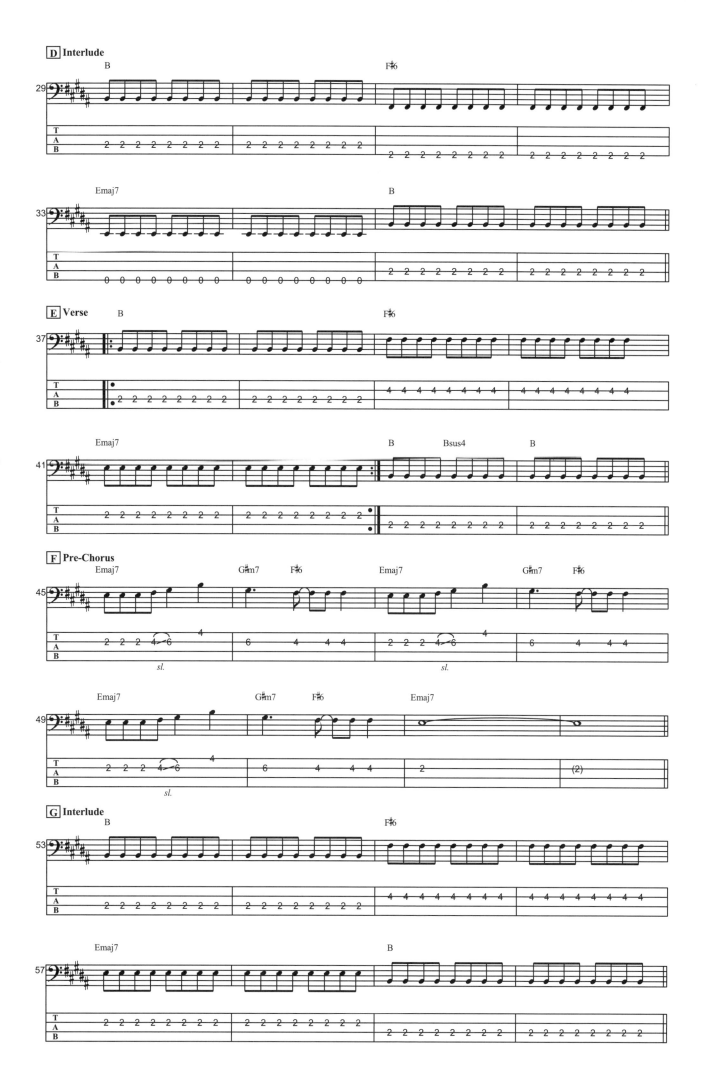

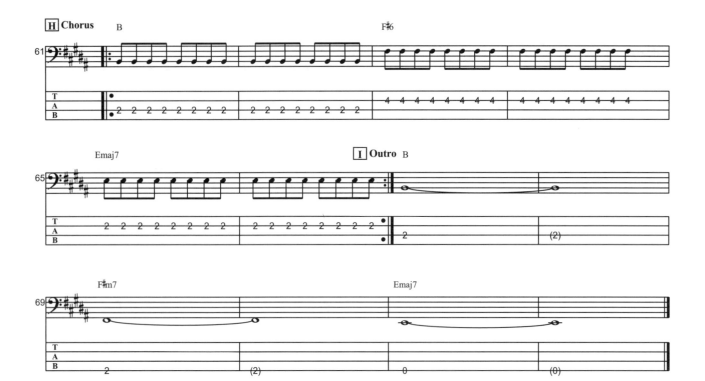

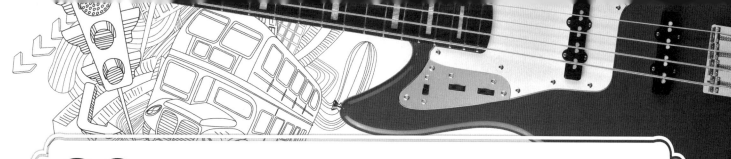

29 You Give Love a Bad Name

by Bon Jovi

1. 本首曲子貝士音色Bass+1、Mid+0、High+1。

2. Intro中和吉他一起合奏，附點四分音符加上八分音符的連結音，要清楚掌握節奏並和吉他、鼓整齊合奏，才會將音樂的強度展現出來。

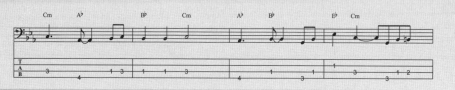

3. Verse的Bass line以五聲音階組成，同時也是和弦內音，可以學習運用如何編出一個好聽的Bass line。此段落需注意雖然都是八分音符的句子，但第一個音皆為短音。

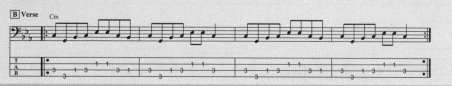

4. Bar.24運用高八度的彈法做過門，可以學習應用在其他曲子中。

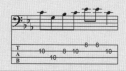

3. Bar.82在高把位運用節奏做過門，要清楚表現節奏和鼓合擊。

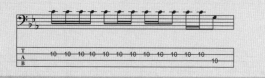

4. Out-Chorus中八分音符的樂句也是很好的Bass line，可以學習如何編出並加以運用。

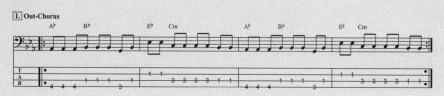

You Give Love a Bad Name

by Bon Jovi

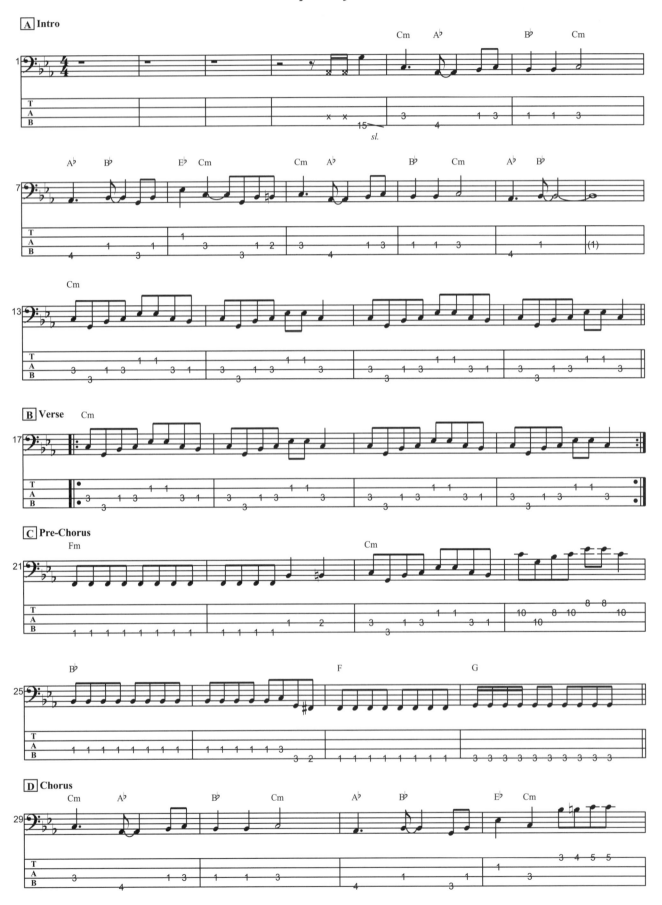

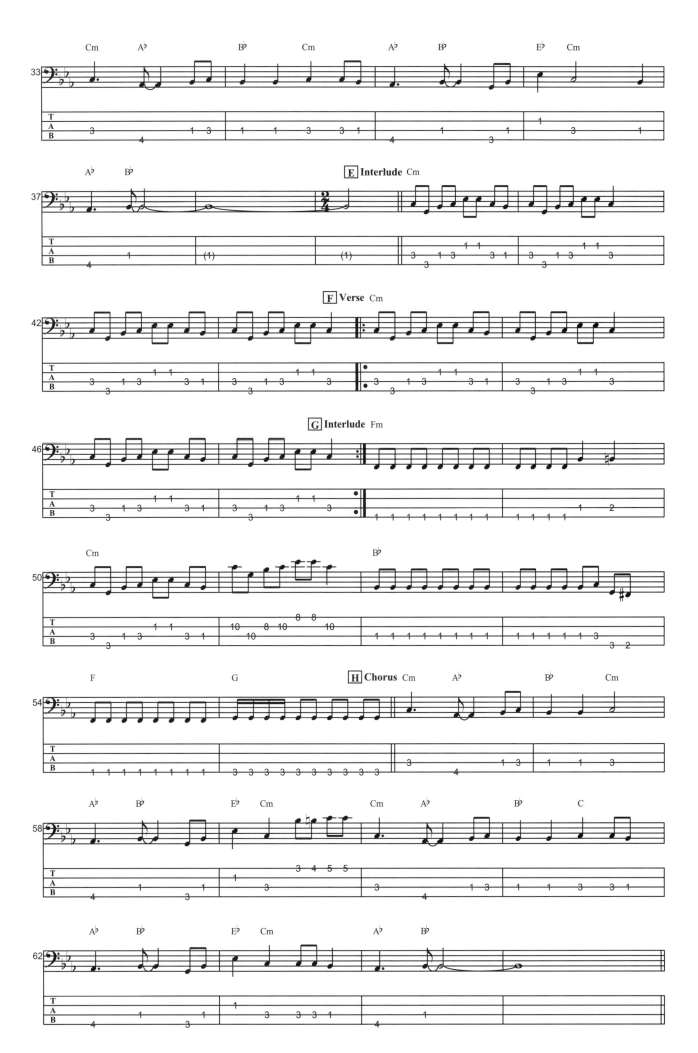

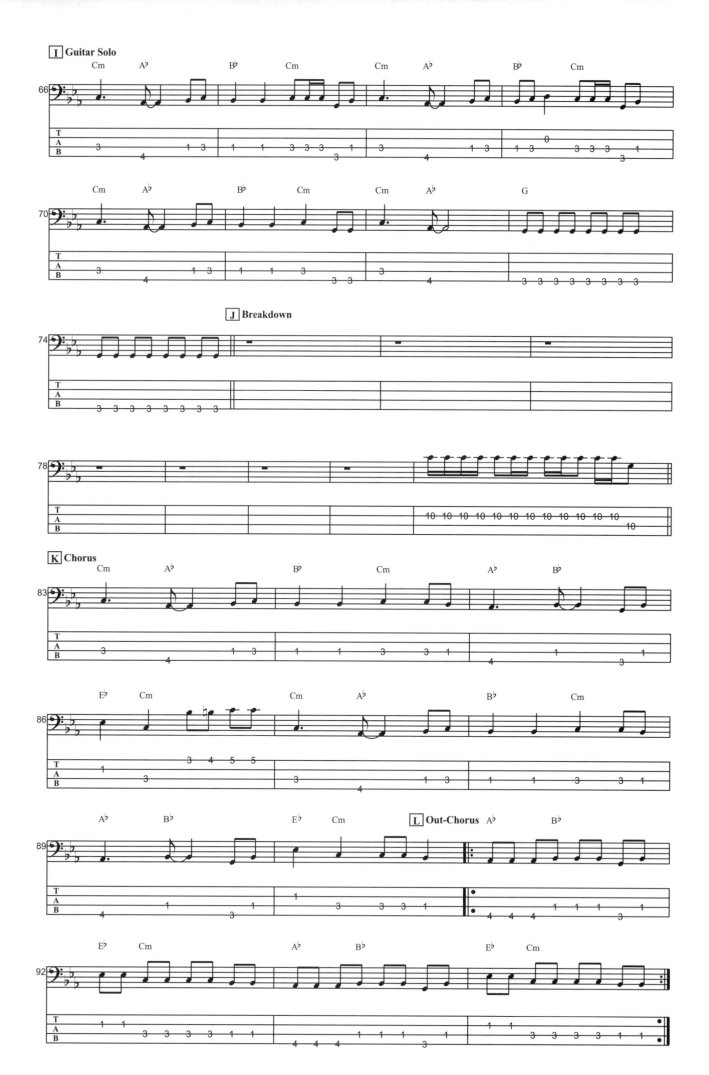

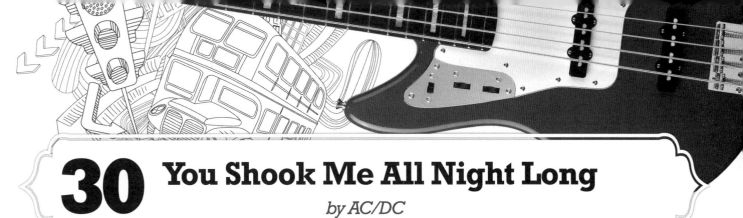

30 You Shook Me All Night Long
by AC/DC

1. 本首曲子貝士音色Bass+2、Mid+1、High+1。

2. Chorus是和吉他一起合奏的句子，八分音符及其切分音的句子，需注意拍子的落點要準確。

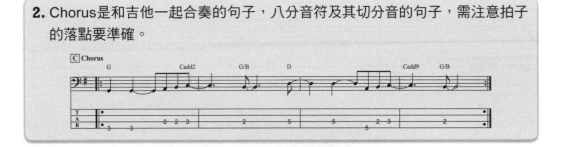

3. Verse注意音符和休止符之間的停頓要明確，並將樂句流暢的展現出來。

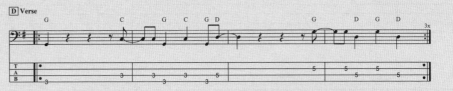

4. Guitar solo時Bar.43~50是比較綿密的Bass line，要清楚表現出和Bar.35~42之間的差異。

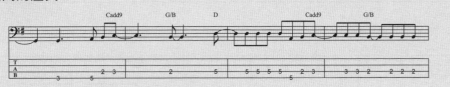

5. 八分音符切分音的基本練習。

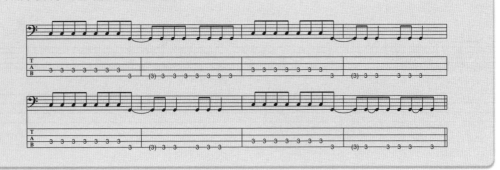

You Shook Me All Night Long

by AC/DC

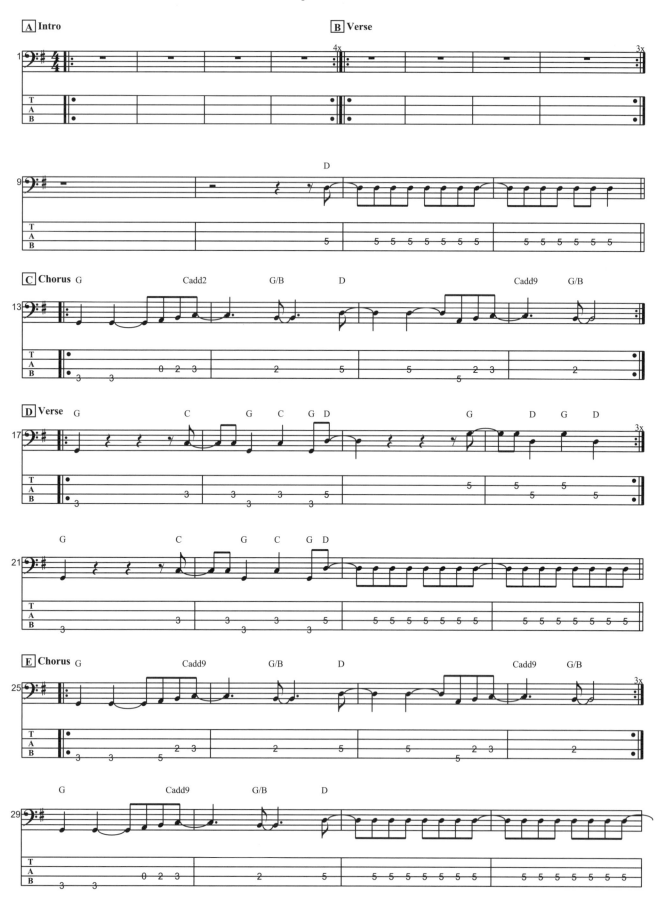

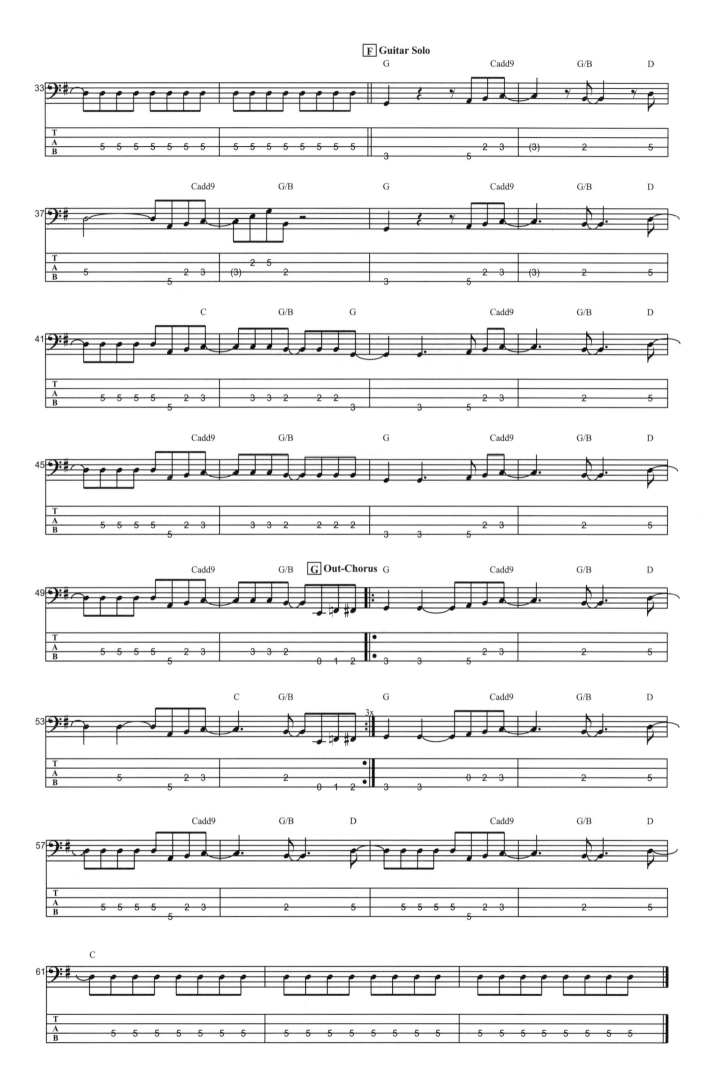

學習音樂最佳途徑
音樂人必備叢書
專業樂譜

最新圖書目錄

麥書文化

COMPLETE CATALOGUE

www.musicmusic.com.tw

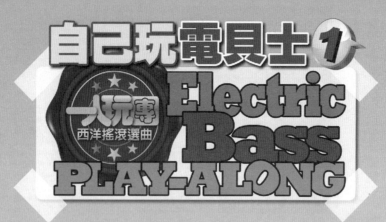

編著　盧欣民

製作統籌　吳怡慧

封面設計　陳智祥

美術編輯　陳智祥

電腦製譜　盧欣民

譜面輸出　林倩如

校對　吳怡慧、陳珈云

出版發行　麥書國際文化事業有限公司

Vision Quest Publishing Inc., Ltd.

地址　10647台北市羅斯福路三段325號4F-2

4F.-2, No.325, Sec. 3, Roosevelt Rd.,

Da'an Dist., Taipei City 106, Taiwan (R.O.C.)

電話　886-2-23636166 · 886-2-23659859

傳真　886-2-23627353

郵政劃撥　17694713

戶名　麥書國際文化事業有限公司

登記證　行政院新聞局局版台業第6074號

廣告回函　台灣北區郵政管理局登記證第03866號

ISBN 978-986-5952-07-5

http : // www.musicmusic.com.tw

E-mail : vision.quest@msa.hinet.net

中華民國101年11月　初版

版權所有　翻印必究

本書如有缺頁、破損，請寄回更換　謝謝！

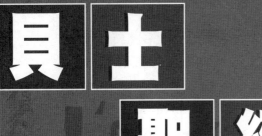

貝士聖經

貝士風格和技術的世界史

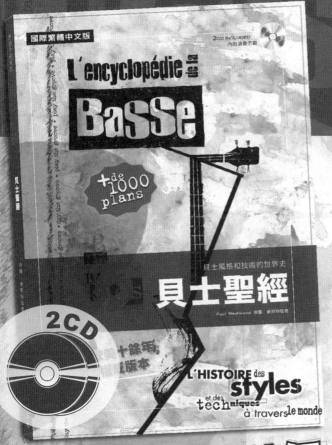

國際繁體中文版

2CD INCLUDED
內附演奏示範

L'encyclopédie de la BaSSe

+ de 1000 plans

貝士風格和技術的世界史

貝士聖經

Paul Westwood 保羅‧維斯特伍德

2CD

L'HISTOIRE des styles et des techniques à travers le monde

熱銷歐美十餘年
國際權威版本

定價460元

布魯斯與R&B、拉丁、西班牙佛拉門戈、巴西桑巴、智利、津巴布韋、北非和中東、幾內亞等地風格演奏，及無品貝士的演奏，爵士和前衛風格演奏。

Paul Westwood
保羅‧維斯特伍德　編著

憑本書劃撥單購買本公司商品，
一律享 **9** 折優惠！

24H傳真訂購專線
（02）23627353

◎寄款人請注意背面說明
◎本收據由電腦印錄請勿填寫

郵政劃撥儲金存款收據

收款帳號戶名	存款金額	電腦記錄	經辦局收款戳

郵政劃撥儲金存款單

帳號 1 7 6 9 4 7 1 3

戶名　麥書國際文化事業有限公司

金額 新台幣（小寫）

億 仟萬 佰萬 拾萬 萬 仟 佰 拾 元

通訊欄（限與本次存款有關事項）

自己玩電貝士 Electric Bass Play-Along

訂單

寄款人 姓名 通訊處 電話

經辦局收款戳

虛線內備供機器印錄用請勿填寫

□ 我要用掛號的方式寄送
每本55元，郵資小計 _____元

總 金 額 _____元

郵政劃撥存款收據
注意事項

一、本收據請詳加核對並妥
為保管，以便日後查考。

二、如欲查詢存款入帳詳情
時，請檢附本收據及已
填妥之查詢函向各連線
郵局辦理。

三、本收據各項金額、數字
係機器印製，如非機器
列印或經塗改或無收款
郵局收訖章者無效。

請寄款人注意

一、帳號、戶名及寄款人姓名通訊處各欄請詳細填明，以免誤寄
：抵付票據之存款，務請於交換前一天存入。

二、每筆存款至少須在新台幣十五元以上，且限填至元位為止。

三、倘金額塗改時請更換存款單重新填寫。

四、本存款單不得粘貼或附寄任何文件。

五、本存款金額業經電腦登帳後，不得申請駁回。

六、本存款單備供電腦影像處理，請以正楷工整書寫並請勿折疊。
帳戶如需自印存款單，各欄文字及規格必須與本單完全相
符：如有不符，各局應婉請寄款人更換郵局印製之存款單填
寫，以利處理。

七、本存款單帳號及金額欄請以阿拉伯數字書寫。

八、帳戶本人在「付款局」所在直轄市或縣（市）以外之行政區
域存款，需由帳戶內扣收手續費。

交易代號：0501、0502現金存款　0503票據存款　2212劃撥票據託收

本聯由儲匯處存查　保管五年

THE GROOVE
STUART HAMM

Stuart Hamm 編著
定價 800元

DVD＋樂譜書中文影像教學

搖滾、爵士、鄉村、金屬
緊密融合！

·收錄5首「Stuart Hamm」精彩Live演奏
·完整貝士四線套譜
·多機數位影音
·全中文字幕

本世紀最偉大的Bass宗師「Stuart Hamm
電貝士教學DVD　基礎進階　完全自學

本公司可使用以下方式購書

1. 郵政劃撥
2. ATM轉帳服務
3. 郵局代收貨價
4. 信用卡付款

洽詢電話：（02）23636166

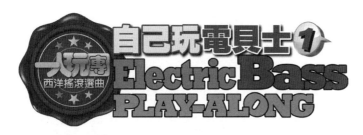

讀者回函

感謝您購買本書！為加強對讀者提供更好的服務，請詳填以下資料，寄回本公司，您的資料將立刻列入本公司優惠名單中，並可得到日後本公司出版品之各項資料及意想不到的優惠哦！

姓名 ⬭　　　**生日** ⬭ / / 　　**性別** ◯ 男 ◯ 女

電話 ⬭　　　**E-mail** ⬭ @ ⬭

地址 ⬭　　　**機關學校** ⬭

◉ **請問您曾經學過的樂器有哪些？**
　□ 鋼琴　　□ 吉他　　□ 弦樂　　□ 管樂　　□ 國樂　　□ 其他＿＿＿

◉ **請問您是從何處得知本書？**
　□ 書店　　□ 網路　　□ 社團　　□ 樂器行　　□ 朋友推薦　　□ 其他＿＿＿

◉ **請問您是從何處購得本書？**
　□ 書店　　□ 網路　　□ 社團　　□ 樂器行　　□ 郵政劃撥　　□ 其他＿＿＿

◉ **請問您認為本書的難易度如何？**
　□ 難度太高　　□ 難易適中　　□ 太過簡單

◉ **請問您認為本書整體看來如何？**
　□ 棒極了　　□ 還不錯　　□ 遜斃了

◉ **請問您認為本書的售價如何？**
　□ 便宜　　□ 合理　　□ 太貴

◉ **請問您最喜歡本書的哪些部份？**
　□ 教學解析　　□ 編曲採譜　　□ 封面設計　　□ 其他＿＿＿

◉ **請問您認為本書還需要加強哪些部份？（可複選）**
　□ 美術設計　　□ 教學內容　　□ 銷售通路　　□ 其他＿＿＿

◉ **請問您希望未來公司為您提供哪方面的出版品，或者有什麼建議？**

⬭

非常感謝您填寫本表格，我們將極慎重的考慮您的意見，並立即將您的資料建檔。謝謝！

請沿虛線剪下寄回

www.musicmusic.com.tw

寄件人 _____

地　　址 ☐☐☐ _____

_____

廣　告　回　函
台灣北區郵政管理局登記證
台北廣字第03866號
郵資已付　免貼郵票

麥書國際文化事業有限公司
10647 台北市羅斯福路三段325號4F-2
4F.-2, No.325, Sec. 3, Roosevelt Rd.,
Da'an Dist., Taipei City 106, Taiwan (R.O.C.)

為加速郵件處理 ・ 請勿使用訂書針